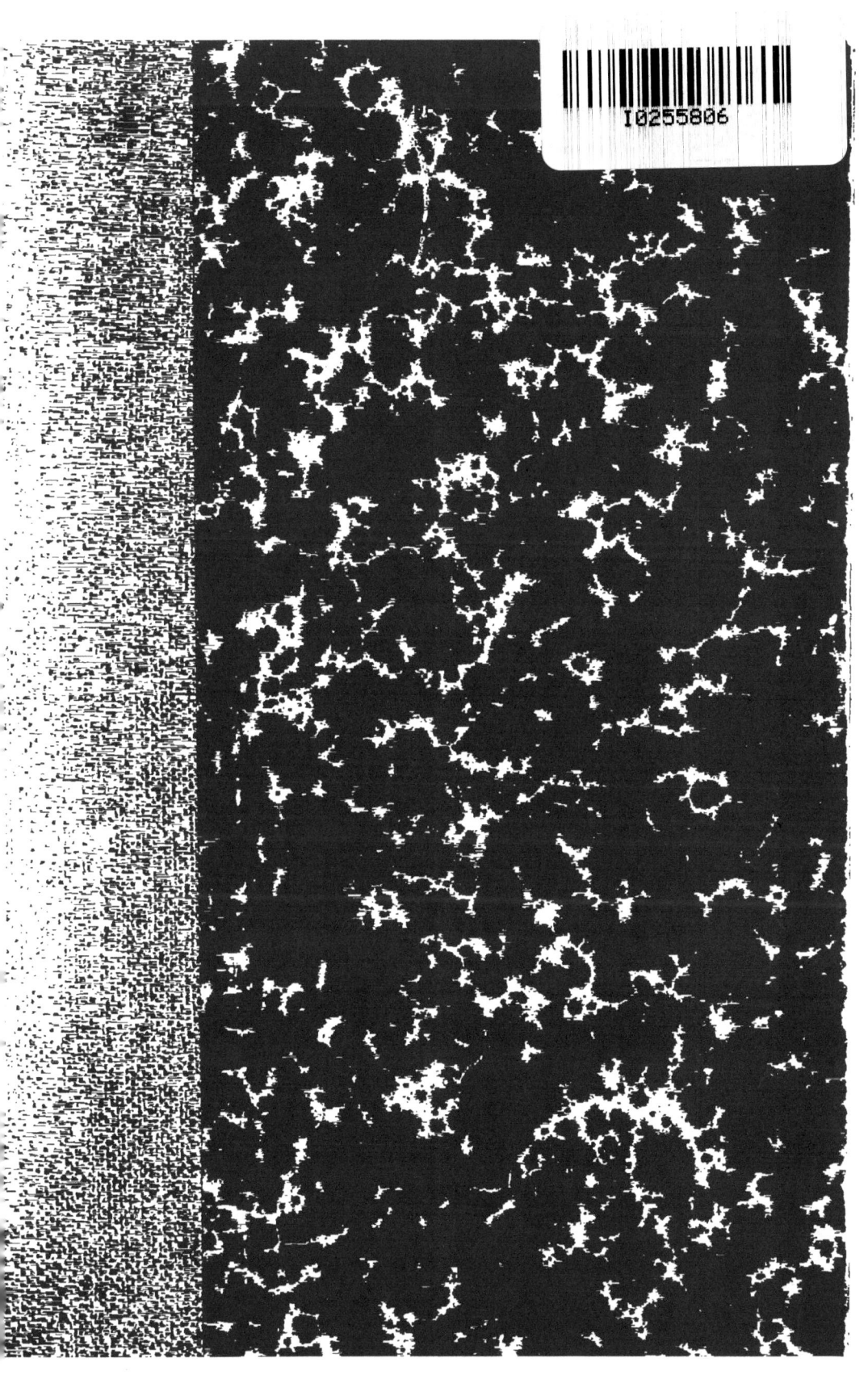

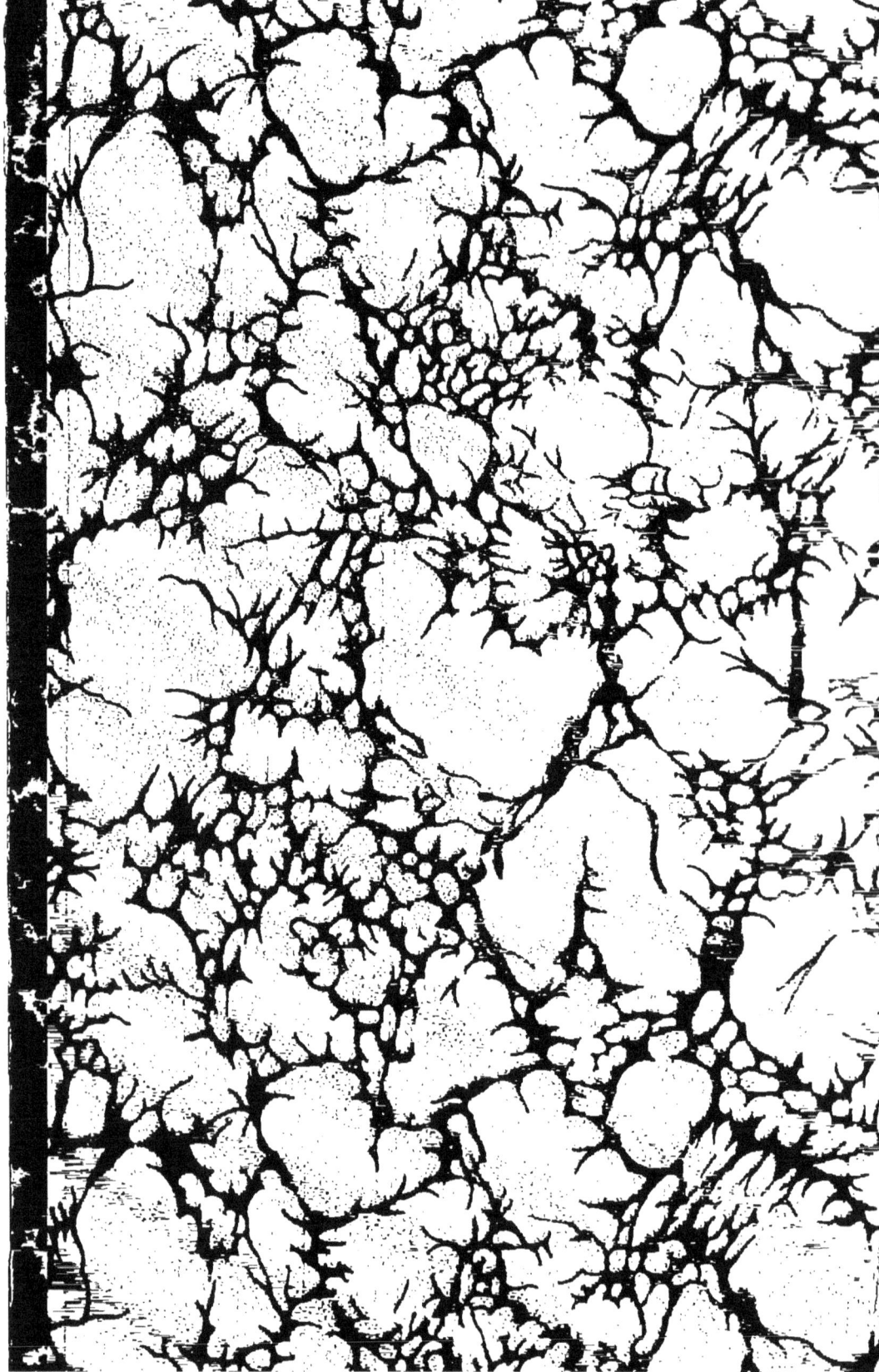

JEHAN D'IVRAY

Bonaparte
et l'Égypte

PARIS
LIBRAIRIE ALPHONSE LEMERRE
23-33, PASSAGE CHOISEUL, 23-33
—
M DCCCCXIV

Bonaparte et l'Égypte

DU MÊME AUTEUR

Le Prince Mourad. . . . . 1 vol.
Janua Cœli. . . . . 1 vol.
Les Porteuses de Torches . . . . 1 vol.
Le Moulin des Djins. . . . . 1 vol.
Au Cœur du Harem . . . . 1 vol.
Souvenirs d'une Odalisque. . . . . 1 vol.

POUR PARAITRE TRÈS PROCHAINEMENT

La Rose du Fayoum. . . . . 1 vol.
Les Mémoires d'un Eunuque . . . . 1 vol.
Les Femmes Saint-Simoniennes . . . . . 1 vol.

EN PRÉPARATION

Nos Frères de Lettres. . . . . 1 vol.
La Cité de Joie. . . . . 1 vol.
La Fin d'un Rêve. . . . . 1 vol.
Boèce et Symmaque . . . . 1 vol.

Tous droits de reproduction et de traduction réservés pour tous les pays, y compris la Suède et la Norvège.

JEHAN D'IVRAY

Bonaparte et l'Égypte

PARIS

LIBRAIRIE ALPHONSE LEMERRE

23-33, PASSAGE CHOISEUL, 23-33

M DCCCCXIV

AVANT-PROPOS

Depuis un siècle, il n'est guère d'historien ou de chroniqueur militaire qui n'ait conté la splendide et désastreuse campagne de Bonaparte en Égypte.

Je ne me risquerai pas à marcher sur leurs brisées. Je n'essaierai pas d'expliquer ou de dépeindre des actes ou des batailles cent fois décrits et souvent analysés par d'illustres confrères plus compétents que moi.

Les mémoires, aujourd'hui, sont pleins du souvenir fameux qu'évoquent le combat des Pyramides et la prise du Caire. Il en est peu cependant qui nous renseignent avec exactitude sur la façon dont s'organisa l'existence de l'armée et celle de son jeune chef en cette Égypte dont chacun parle et que si peu connaissent bien.

Pendant les longues années vécues en cette terre, mettant à profit la connaissance de la langue du pays et les relations indigènes que ma situation m'a permis de contracter, j'ai essayé de combler cette lacune. J'ai été demander aux descendants de ceux qui fréquentèrent le général Bonaparte et ses soldats les documents qu'ils conservaient. J'ai visité pierre par pierre les demeures où nos compatriotes vécurent leurs heures d'exil. J'ai cherché aussi à rassembler les extraits des récits du temps, notés au jour le jour par les habitants du Caire.

Pour cela, l'œuvre du cheik Djabarti me fut d'un secours précieux. J'ai voulu relire aussi les souvenirs de voyages des divers Européens qui visitèrent l'Égypte dans le courant du xviiie siècle. Enfin, toutes les pages que je présente aujourd'hui au lecteur furent écrites sur les lieux mêmes où se passèrent les faits qu'elles racontent; c'est le seul intérêt qu'elles présentent. J'ajouterai que j'ai cherché surtout à établir mon travail sur les bases de la plus absolue véracité.

Avant tout, qu'il me soit permis d'adresser ici ma gratitude la plus sincère à S. E. Iacoub-pacha Artin, ancien ministre de l'Instruction publique en Égypte, auprès duquel j'ai trouvé, pour cet ouvrage, les indications les plus précises et les encouragements les meilleurs.

Je tiens aussi à remercier tout particulièrement S. E. Aziz-pacha Kahil, conseiller à la cour, dont l'amitié et la complaisance me furent constamment précieuses. C'est à lui que je dois d'avoir pu connaître si complètement l'œuvre du cheik Djabarti[1], dont il

---

1. Le cheik Abd-el-Rahman Djabarti, fils de Hassan, naquit au Caire en l'année 1167 de l'hégire, 1754 de l'ère chrétienne.
Les ancêtres de l'historien forment une suite de savants fort

est l'un des admirables traducteurs. Les *Merveilles biographiques* ou chroniques, d'abord traduites en turc, furent révélées au monde de l'histoire par quelques passages mis en français par notre compatriote, M. Guillemot, vers 1810. Depuis, il n'était guère question de l'histoire arabe, que même beaucoup de ses compatriotes ignorent encore à l'heure actuelle. Je me heurtai donc aux plus grandes difficultés quand j'essayai d'en faire moi-même la traduction. Il faut une connaissance approfondie des lettres arabes, une habitude constante des textes, pour arriver à dégager d'une pareille œuvre (neuf fort volumes) les passages capables d'intéresser un public européen. Démêler la trame hyperbolique d'une œuvre de ce genre constitue une tâche écrasante pour une plume française.

---

estimés dans le monde musulman. Toutefois, celui d'entre eux qui mérite une mention plus spéciale est, sans contredit, le père d'Abd-el-Rahman. Littérateur polyglotte, mathématicien, astronome, philosophe, physicien, légiste et théologien, il possédait à lui seul les connaissances de plusieurs hommes réunis. L'astronomie fut enseignée dans la mosquée de *El-Azhar* jusqu'à la mort de cet homme éminent, qui, le dernier, en occupa la chaire.

Membre fort renommé du corps des Ulémas, Abd-el-Rahman-el-Djabarti avait été le contemporain des derniers beys mameluks et jouissait de leur faveur. Plus tard, pendant l'occupation française, il fut élu membre du grand divan que Bonaparte avait établi au Caire. Enfin vers la fin de ses jours il occupa au palais de Mohammed-Aly-pacha une charge consistant à annoncer les heures de la prière et, au mois de Ramadan, le moment auquel le jeûne devait finir.

Dans la nuit du 27 Ramadan 1437 (18 juin 1844), comme El-Djabarti revenait du château de Mohammed-Aly situé à Choubrah et qu'il rentrait au Caire, il fut étranglé sur l'avenue de Choubrah et attaché avec une corde à un des pieds de son âne. Le lendemain seulement les passants trouvèrent son corps. Il avait sur lui un astrolabe, un rapporteur et quelques cahiers manuscrits.

Note des traducteurs.

Ce travail, Aziz-pacha Kahil l'a accompli, en compagnie de ses collègues à la Cour d'appel, MM. Chefik-Mausour-bey, Gabriel-Nicolas Kahil-bey et Iskander Ammour-effendi. Qu'ils trouvent donc ici pour leur beau livre, dont ils ont bien voulu me faire hommage, l'assurance de ma plus profonde reconnaissance.

C'est volontairement que je n'ai pas parlé de *Nikoula-el-Turk*, fils de Youssouf-el-Turk, Constantinopolitain d'origine, mais Syrien de naissance, qui, comme Djabarti, écrivit en arabe une relation de l'expédition française. Cet auteur, chrétien oriental, gardait les rancunes de sa religion et de sa race envers les musulmans du Caire. Ses récits ne sauraient être comparés à ceux de Djabarti, qui, lui, narre avec sa belle franchise d'honnête homme et sa honte d'opprimé les actes bons ou mauvais du peuple vainqueur.

Nikoula-el-Turk ne peut qu'applaudir de conviction à tout ce qui sera fait en Égypte par les Francs venus pour aider et délivrer ses frères, chrétiens comme eux.

J'ai seulement ajouté à ce livre les stances composées à l'occasion de l'arrivée de Bonaparte en Égypte par ce même Nikoula-el-Turk, parce qu'elles me semblent donner une juste idée de l'enthousiasme des chrétiens du Caire lors du débarquement de nos troupes.

PREMIÈRE PARTIE

Les Français en Égypte

Bonaparte et l'Égypte

PREMIÈRE PARTIE

LES FRANÇAIS EN ÉGYPTE

'EST la joie de l'écrivain et de l'historien que la découverte patiente des demeures jadis habitées par les héros dont les aventures nous attirent. De curiosité en curiosité, on arrive avec un peu d'effort à vivre, après tant d'années, de la vie même des êtres qui nous occupent. Lentement le voile se déchire chaque jour un

peu plus, nous pénétrons le mystère de ces âmes disparues.

Nous souffrons de leurs peines, nous partageons leurs étonnements, nous croyons éprouver nous-mêmes les émois qui les agitèrent à l'époque, qui nous apparaît alors non plus lointaine, mais toute proche, aussi familière que celle où le sort nous a appelés à vivre.

Afin de mieux comprendre les difficultés de l'installation et la joie de nos soldats à mesure que l'organisation s'établissait d'une façon si rapide et si parfaite, nous allons parcourir ensemble le Caire d'alors et faire connaissance avec la population qui l'emplissait au mois de juillet 1799, date de l'arrivée des troupes françaises dans la capitale de l'Égypte.

L'influence française, qui, depuis un siècle, se fait sentir si fortement sur les bords du Nil, est pour le moment nulle.

La base du commerce pour la France consiste en draps du Languedoc, appelés londrins premiers et londrins seconds. Ils en débitent entre neuf cents et mille ballots par année, mais les retraits qu'ils font leur donnent une perte de 25 %, et, le bénéfice total ne dépassant pas 40 %, le produit reste de 15 %. Les autres produits se classent par le fer, le plomb, la cochenille, dont les teintureries égyptiennes font un grand usage, des galons dorés, des soies de Lyon et des articles de mercerie.

En échange, l'Égypte fournit à la France des gommes, des toiles de coton fabriquées à Menouf, des cuirs, du safran, du sel ammoniac et du riz. Le commerce des Français ne dépasse pas trois millions de livres.

La France avait entretenu un consul jusqu'en 1777. A cette époque, les dépenses qu'il causait engagèrent à le retirer, et on le transféra à Alexandrie. Les négociants du Caire le laissèrent partir sans réclamer l'indemnité et demeurèrent dans la ville à leurs risques et périls.

Le transfert du consulat de France inspire à la plume du bon Djabarti cette phrase savoureuse, que je me reprocherais de ne point citer :

« A Alexandrie est maintenant un consul autrefois au Caire, personnage distingué qui sert d'otage au sultan *(sic)*. »

Je ne pense pas qu'un consul moderne goûtât fort cette façon de le présenter aux lecteurs de demain...

Les Français, comme tous les autres Européens désignés alors sous le nom générique de Francs, vivaient renfermés dans une sorte de cul-de-sac du Mousky, sans presque aucune communication avec le dehors. Le voyageur Volney, qui visita le Caire en 1786, déclare que leur situation est à peu près celle des Hollandais à Nagasaky. Ils tremblent devant les mameluks, cette milice d'esclaves devenus despotes de l'Égypte, et dont l'insolente autorité force les étrangers comme les indigènes à descendre de leurs ânes sur leur auguste passage. En butte aux injures du peuple, aux attaques meurtrières d'un climat ne ressemblant guère à celui d'aujourd'hui, redoutant les épidémies de peste, craignant les émeutes, constamment menacés de quelque nouvel impôt, nos malheureux compatriotes vivent entre eux dans un état de perpétuelle réclusion.

Seul, le consul a le droit d'amener sa femme sur le sol d'Égypte. Les autres Européens doivent se contenter des esclaves, que, plusieurs fois d'ailleurs, des lois arbitraires leur défendent d'acquérir vu leurs qualités de chrétiens. Les gouvernements, pitoyables aux misères de leurs sujets trop aventureux, ont pris soin de limiter à dix le nombre des années qu'ils peuvent passer en terre africaine. Ils estiment à bon droit que l'homme qui n'a pas su faire fortune en ce laps de temps n'y parviendra pas après.

Tout cela fait que (toujours d'après Volney) le Caire constitue au XVIIIe siècle l'échelle la plus précaire et la plus désagréable de tout le

Levant. Aussi, tandis que vers la fin de 1770 on pouvait compter neuf maisons de commerce appartenant à des Français, il ne s'en trouve plus que trois au moment de l'arrivée du général Bonaparte.

J'ai déjà cité Volney. Je ne puis résister au plaisir de vous donner une partie de la description qu'il fait de la ville du Caire.

« Le Kaire n'a pas de ces beautés, de ces édifices publics ou particuliers, ni de ces places régulières, ni de ces rues alignées où l'architecture déploie ses beautés. Les environs sont masqués par des collines poudreuses formées de décombres qui s'accumulent chaque jour, et, près d'elles, la multitude des tombeaux et l'infection des voiries choquent à la fois l'odorat et les yeux. Dans l'intérieur, les rues sont étroites et tortueuses, et, comme elles ne sont point pavées, la foule d'hommes, de chameaux, d'ânes et de chiens qui s'y pressent, élève une poussière incommode : souvent, les particuliers arrosent devant leurs portes, et à la poussière succèdent la boue et les vapeurs mal odorantes. Contre l'usage de l'Orient, les maisons sont à deux ou trois étages, terminées par une terrasse pavée ou glaisée; la plupart sont en terre et en briques mal cuites; toutes ces maisons ont un air de prison, parce qu'elles manquent de jour sur la rue.

Il est trop dangereux en pareil pays d'être éclairé ; on a même la précaution de faire la porte d'entrée fort basse.

« L'intérieur est mal distribué ; cependant chez les grands on trouve quelques commodités et quelques ornements. On doit surtout y priser de vastes salles où l'eau jaillit dans des bassins de marbre. Le pavé, formé d'une marqueterie de marbre et de faïences colorées, est couvert de nattes, de matelas et, par-dessus le tout, d'un riche tapis sur lequel on s'assied les jambes croisées. Autour du mur règne une espèce de sofa chargé de coussins mobiles, propres à s'appuyer le dos ou les coudes. A sept ou huit pieds de hauteur est un rayon de planches garnies de porcelaines de la Chine ou du Japon. Les murs, d'ailleurs nus, sont bigarrés de sentences tirées du Coran et d'arabesques en couleurs. Les fenêtres n'ont point de verres ni de châssis mobiles, mais seulement un treillis à jour, dont la façon coûte quelquefois plus que nos glaces. Le jour vient des cours intérieures, d'où les sycomores renvoient un reflet de verdure qui plaît à l'œil. Enfin, une ouverture au nord ou au sommet du plancher procure un air frais, pendant que, par une contradiction assez bizarre, on s'environne de vêtements chauds tels que les draps de laine et de fourrures. »

Et M. de Volney d'ajouter : « Les riches prétendent par ces précautions écarter les maladies, mais le peuple, avec sa chemise bleue et ses nattes dures, s'enrhume moins et se porte mieux. »

D'après le plan levé par le voyageur Niebuhr en 1761, le Caire devait avoir trois lieues de circuit et sa population pouvait atteindre 700.000 âmes, ce chiffre calculé approximativement et d'après les maisons auxquelles on attribuait un certain nombre d'habitants. Seul, le dénombrement des chrétiens pouvait être contrôlé, et cela grâce aux billets de captation appelés kharadj.

Les voyageurs de l'époque sont surtout frappés par la quantité énorme de chiens et de chats qui peuplent les rues; les oiseaux de proie, fort nombreux aussi, les aident, semble-t-il, à organiser le service de la voirie.

En somme, la capitale de l'Égypte n'apparaît pas précisément, à ceux qui la visitent, comme le lieu d'élection où ils souhaiteraient planter leur tente.

Même les beautés magnifiques que présentent encore presque intactes certains monuments, mosquées ou maisons datant de l'époque des khalifes, attirent-elles à peine leurs regards. Ils sont plus frappés par la laideur qui les entoure que par les indéniables splendeurs qu'elles renferment.

C'est dans ce milieu, plus étrange que captivant, c'est en cette ville, si complètement différente des autres cités conquises, que le général Bonaparte pénétra ce soir du 22 juillet 1799.

L'admirable porte dite *Bab-el-Fetouh*, qui dresse du côté des plaines désertiques son architecture redoutable, parut sans doute d'une attaque trop difficile. Ce fut à quelques pas et par la porte *Bal-el-Nassr* (porte de la Victoire), dont le nom lui sembla de bon augure, que le général Dupuy entra dans la place. Les lourds battants de cette porte gardent encore à leur base la brèche faite par la hache des soldats français.

Je ne pense pas que rien ait changé dans ces parages depuis cent ans.

Sans doute, au passage de nos troupes, les mêmes échoppes ouvraient leurs auvents mal assujettis, et, dans le demi-jour des cours profondes, on pouvait voir comme aujourd'hui tourner les lourdes meules de pierre broyant le pur froment et destinées à remplacer les moulins. Un âne famélique, un buffle peureux, tiraient sans relâche et faisaient résonner le pavé gluant du même mouvement monotone que leurs frères d'à présent ont pour accomplir la lourde tâche quotidienne.

Parfois, quand le grain était plus rare ou la famille moins nombreuse, une femme remplaçait les bêtes et se contentait de faire pivoter la meule de pierre d'un simple mouvement de ses bras. Telles les Égyptiennes d'autrefois et les femmes des Hébreux broyaient le blé des tribus dans leurs demeures de laine, sous les palmiers du grand désert. Ce sont aussi les ancêtres de ceux qui me regardaient passer hier que nos soldats purent contempler dans la surprise émouvante du premier instant. Ils eurent sans doute pour les étrangers ce même regard d'indifférence paisible, ces mêmes gestes soumis avec lesquels les petits-fils d'à présent s'écartent de nous quand nous ne leur sommes pas utiles.

L'Égyptien n'est pas plus fanatique que méchant. Naturellement paisible, il faut beaucoup pour qu'il se révolte, il estime sagement que la tranquillité et l'abondance représentent des biens préférables à la vaine agitation qui tourmente les guerriers et les conquérants.

Il y avait pourtant une autre raison à l'apparence de calme qui régnait au Caire cette nuit-là... Le bon cheik Djabarti, contemporain des événements de cette époque tumultueuse, va nous la donner avec son habituelle clairvoyance[1] :

« Lorsque l'armée de la rive occidentale fut battue, les Français portèrent leurs coups sur la rive orientale. Ce fut, pour les soldats qui s'y trouvaient, la preuve de la défaite complète de leurs compatriotes : une frayeur générale s'empara alors de tout le monde, Ibrahim-pacha, les émirs, les soldats, le peuple, tous prirent la fuite, laissant à Boulak les objets qu'ils ne purent emporter. Ibrahim-bey, le pacha et les émirs se dirigèrent du côté d'Adlïah, et les autres rentrèrent au Caire en poussant des cris et en priant Dieu de les sauver des malheurs de cette journée. Les femmes commencèrent aussi à sangloter dans toutes les maisons. »

Sans doute, ces femmes lancèrent alors de leurs voix stridentes le terrible cri des funérailles, propre aussi à toutes les calamités publiques ou privées, ce *Ya da Ouitti*[2] *!* que l'oreille ne peut oublier après l'avoir entendu.

« Lorsque Ibrahim-bey et les autres émirs furent installés à Adlïah, ils envoyèrent chercher leur harem; les dames montèrent à cheval, à mulet, à baudet et à chameau; les servantes

---

1. Chroniques du cheik Abd-El-Rahman-El-Djabarti, t. VI.
2. Oh ! malheur sur moi !

allèrent à pied. D'autres suivirent cet exemple et quittèrent la ville. Toute la nuit, on ne vit que des hommes traînant leurs femmes ou seuls, et ne se préoccupant de personne, se diriger hors de la ville.

« La plupart des habitants quittèrent aussi le Caire et prirent la route de la Haute-Égypte et le côté est. Il ne resta dans la ville que ceux qui voulaient risquer leur vie ou qui y étaient retenus par des empêchements matériels. Ils s'en remirent à la volonté du Tout-Puissant, qui connaît la fin de toute chose.

« Les gens du peuple, voyant ainsi partir les riches, se décidèrent à quitter la ville. A ce moment-là, un baudet boiteux et un mulet chétif se vendirent à de tels prix que les gens fortunés seuls pouvaient avoir des montures. Les autres s'en allèrent à pied dans les ténèbres profondes. »

Cependant rien n'était plus lamentable que cet exode en masse vers le Nil ou le désert, chacun portant quelque paquet, les plus valides soutenant le pas des vieillards et des infirmes, les femmes presque toutes chargées d'un ou plusieurs enfants. Et voici que, pourtant, les pires misères les attendaient aux portes de la ville. Les Bédouins nomades, profitant de l'aubaine inattendue, se jetaient sur les émigrants et les dépouillaient sans façon. Les malheureux n'en furent pas étonnés outre mesure. Il faut supposer qu'après tant d'attaques, tant de malversations et d'opprobres subis sous la férule des Turcs mameluks, rien ne pouvait plus les effrayer ni les surprendre.

Et ce fut sans coup férir que l'armée française traversa les rues. Les rares bourgeois demeurés chez eux s'étaient empressés de se barricader à l'aide de lourdes poutres de bois et traverses qui constituent encore, à l'heure actuelle, la fermeture de nombreuses maisons des villages d'Egypte. Les marchands, si bruyants d'habitude, s'étaient tus, et la compagnie défila dans le grand silence nocturne, troublé tout à coup par le roulement sonore du tambour rythmant les pas des hommes commandés par le général Dupuy. Avec la belle bravoure dont ils étaient coutumiers, deux cents soldats choisis dans l'armée de Bonaparte pénétraient tranquillement dans cette ville de trois cent mille âmes.

Ces soldats avaient, pour la plupart, traversé les riantes plaines de la Lombardie, les rives enchanteresses des lacs italiens, les cités merveilleuses des contrées vaincues, et chacun de leurs pas avait marqué le nom d'une conquête.

Ils connaissaient les habitations magnifiques, les villas coquettes, les rues pavoisées en l'honneur de leurs victoires. Ils arrivaient, après des semaines de privations et de souffrances, en cette cité où tout leur était étonnement et désillusion, les yeux brûlés de lumière, la gorge sèche, les membres rompus et le cerveau las. La vue des ruelles tortueuses qu'ils traversaient en cette nuit estivale, le silence écrasant pesant sur les êtres et surtout l'effrayante épaisseur des portes gardant en leur imposante massivité la grandeur sévère du moyen âge, tout concourait à refroidir leur jeune enthousiasme et à semer l'effroi dans leurs âmes intrépides.

Le général Dupuy le comprit sans doute, et, devant le calme étrange qui accueillait son entrée, il fit enfoncer la porte d'une maison de belle apparence, qu'il trouva vide, et s'y installa aussitôt avec ses soldats pour y passer la nuit. Cette maison appartenait à un lieutenant des beys. Il alla occuper, le lendemain, le palais d'Ibrahim-bey-el-Wali, sur la place de Birket-el-Fil.

Estève, directeur des finances, établit ses quartiers dans le palais du cheik El-Beckry.

Le premier divan fut institué et logé dans la maison de Kaïd-Aga, près du Rouëy, à l'emplacement occupé aujourd'hui par le marchand de couleurs *Spiro*. On peut admirer encore les plafonds du rez-de-chaussée, d'une peinture remarquable, et un pan de mur du premier étage, où se voit distinctement un semis d'étoiles sur fond d'azur. Dans la pièce qu'il décorait, Bonaparte passa trois nuits avant son départ pour Suez.

Après la bataille des Pyramides, et avant de pénétrer dans le Caire, l'état-major avait d'abord occupé le palais et les jardins de Mourad, sur les bords du Nil, à Ghizeh, à la place où fut plus tard installée l'école de cavalerie. Ces jardins étaient grands et de magnifique apparence. Le palais qu'ils renfermaient donna au chef une première désillusion. Bonaparte croyait trouver, dans cette demeure presque royale, l'équivalent d'un château européen. Il se trompait. Tandis que le luxe des étoffes, les lourds rideaux de brocart, les sièges dorés, les tapis moelleux représentaient le luxe le plus inouï, la disposition des pièces, le manque de lit et l'ignorance du plus élémentaire confort faisaient de cette demeure, réputée superbe, une bien pauvre maison de repos. Dans les chambres, des matelas roulés dans les coins et quelques moustiquaires en tas. Dans les cuisines obscures, de mauvais fourneaux de briques, quelques chaudrons sans anses, des cruches de fer, des filtres de terre *(zir)* composaient tout le mobilier. A part quelques coupes, des plateaux ou des verres d'or ou d'argent, pas la moindre trace de vaisselle... On découvrit enfin quelques soupières à la turque et des cuillers de corne et d'ivoire ; dans un placard, des couvertures de soie avec le drap piqué à même, selon la coutume orientale, et six autres draps de coton.

Tous les salons communiquaient entre eux, formant ainsi une enfilade superbe, mais rendaient l'installation du chef fort impraticable. On se consola par la découverte des robes, des pelisses et des bijoux. On trouva aussi quantité de bourses pleines d'or. Les morts d'ailleurs en portaient chacun toute une provision dans leur ceinture, et les soldats ne se firent pas faute d'y puiser.

Les jardins, qui, vus à distance, paraissaient charmants et de promenade agréable, n'offraient aux regards des officiers qu'une suite de plates-bandes informes, sans allées, sans autres fleurs que les roses et les jasmins plantés au hasard et croissant de même en buissons sauvages, que le soleil généreux se chargeait de faire pousser presque sans soin.

Les arbres (pour la plupart des arbres fruitiers) dressaient de loin en loin leurs silhouettes chétives, les jardiniers ne laissant que les plus petits, afin de satisfaire au goût de leurs maîtres, qui, en bons Orientaux, abominaient l'ombre. Mais les treilles nombreuses et chargées d'un raisin mûr et parfaitement doux ravirent les soldats, qui gaspillèrent assez rapidement la récolte.

Aussi on juge de la satisfaction éprouvée par Bonaparte le jour où il échangea cette inconfortable demeure contre la maison splendide d'El-Elfy, située sur l'Esbékieh, le plus beau quartier de la ville à l'époque. Bonaparte habita aussi quelque temps, à Nassriha, la maison d'Hassan Kacheff, où furent installés par la suite la bibliothèque et l'Institut. L'Esbékieh comprenait tout ce qui s'étendait de la mosquée d'Osman au pont de Dicka, englobait la rue Fawala, la rue Katkoda, le quai Khachab et la rue El-Saket. A quelques pas se trouvait le fameux Kiosque, si souvent chanté par les auteurs arabes.

Voici en quels termes le poète cheik Hassan-el-Attar exprime les beautés de ce quartier fameux dans les annales du Caire :

« Le bassin de l'Esbékieh contient les habitations des grands et des chefs. Entourés de bosquets épais et ombreux, leurs palais blancs semblaient être des corps d'argent habillés de soie verte. La nuit une quantité innombrable de flambeaux éclairent ce charmant séjour, dont la beauté réjouit le cœur et enivre comme le vin.

Que de jours et de nuits de bonheur n'ai-je pas passés dans ce paradis ! Ces beaux moments sont dans le chapelet de mes jours comme des perles sans pareilles. Que de fois je me suis oublié pendant des heures entières à contempler sur le miroir des eaux le visage éclatant de la lune et les flots argentins de lumière ! Je regardais le doux zéphyr caresser sa surface et soulever les vagues qui se succédaient en forme de sabre, allaient se briser contre le rivage. Les oiseaux qui gazouillaient sur les branches des arbres me réjouissaient l'âme et semblaient promettre aux habitants de cet heureux séjour un bonheur éternel. »

Et le poète ajoute en vers pompeux :

« Je chante les beaux jours de ma vie qui se sont écoulés sur l'Esbékieh, heureux moments de félicités et de plaisirs, là où on voit des oiseaux flotter sur les eaux comme des étoiles sur la voûte céleste. »

De magnifiques habitations forment un cercle autour du bassin et servent de cadre à autant de lunes de beauté. La maison du général en chef mérite à elle seule une description. Elle a une histoire.

A l'époque glorieuse des khalifes, un certain docteur hanafite, *El-Sayed-Ibrahim*, fit construire sur les bords du lac un magnifique château ; il fit élever des ponts et des arcades, tracer des quais, et le public fut admis à venir s'y promener. Le château et ses jardins devinrent le lieu préféré des réunions de la société élégante. On s'y rendit en foule. Des barques couvraient le lac. Les arcades supportaient des multiples lanternes, qui, la nuit venue, faisaient de ce coin du Caire un spectacle ravissant. Des plaisirs paisibles firent tout à coup place à la débauche la plus éhontée, si bien qu'un des successeurs du premier propriétaire, un certain *Aly-bey*, renommé pour la sagesse et l'austérité de ses mœurs, fit fermer les arcades et murer les portes du jardin. Le château fut acquis en 1796 par le fameux *Mohammed Elfy*, qui, avec son rival El-Bardissy, occupe une place si prépondérante dans l'histoire de l'Égypte des derniers mameluks.

Cet Elfy pouvait compter parmi les plus magnifiques émirs de son temps. Son extraordinaire fortune l'avait rendu maître d'incalculables richesses. Il dépensait follement à l'exécution de ses caprices les sommes fabuleuses que lui procuraient les innombrables vexations exercées sur le peuple qu'il pressurait.

Ayant acheté le château fameux, il n'eut garde de le conserver. Selon la coutume orientale, il n'eut rien de plus pressé que d'abattre les constructions de ses prédécesseurs, et sur l'emplacement de leurs ruines il fit élever la plus somptueuse demeure qui se pût voir.

Il avait fait transporter pour les escaliers, les colonnades et l'ornementation, des blocs de marbre, de calcaire et de granit, arrachés aux montagnes de la Haute-Égypte; des centaines d'ouvriers travaillaient sous les ordres de ses architectes et de ses sculpteurs. Pendant deux ans, les files de chameaux arrivèrent des pays du sud, apportant les matériaux nécessaires à ce splendide édifice. L'intérieur ne le cédait en rien à l'extérieur.

La mosaïque des parquets valait à elle seule une fortune. Djabarti avait pu voir de ses yeux les appartements de ce palais. Il en demeura émerveillé pour toujours. Il raconte que certains carreaux de cristal avaient été payés 500 drachmes.

Des bains existaient à tous les étages, luxe énorme pour l'époque. Les fenêtres qui donnaient sur l'Esbékieh et le jardin furent ornées de vitraux et de persiennes sculptées. Dans les salons du rez-de-chaussée on avait fait placer une grande fontaine, faite d'un seul bloc de marbre blanc, avec un jet d'eau, et, tout autour, se voyaient des jets d'eau plus petits, en bronze ciselé.

Les pièces d'ameublement avaient été choisies parmi les matières et les étoffes les plus précieuses. Les soies de Lyon s'étalaient sur les divans et sur les sièges à côté des velours de Gênes, des étoffes de l'Inde et du pays de Cachemire. La Perse et l'Anatolie avaient fourni les tapis moelleux aux pieds comme des pétales de fleurs. La Syrie avait donné ses nacres les plus fines, ses cuivres les plus rutilants. Partout l'or et l'argent étaient semés à profusion. Les plafonds aux poutres massives disparaissaient sous les peintures polychromes; plusieurs en forme de caissons étaient enchâssés d'ivoire, d'ébène, de pierres précieuses. Des fontaines épandaient dans les bassins faits de marbre le plus pur l'eau saturée des parfums les plus subtils. Et, par un raffinement propre à beaucoup de maisons orientales, l'hiver venu, le *mancal*[1] remplaçait le jet d'eau dans le bassin habilement nivelé.

Partout des glaces, des matelas de soie (chiltas), des coussins innombrables... Les fenêtres intérieures s'ouvraient sur les jardins communiquant avec la campagne. Les terrasses de la façade et l'appartement des hommes avaient vue sur ce lac de l'Esbékieh, réputé à bon droit pour la plus agréable partie de la ville.

---

[1]. Sorte de brasero usité en Orient.

Les eaux que l'inondation charriait en masse formaient un bassin sillonné d'innombrables embarcations, munies de petites chambres à l'instar des gondoles vénitiennes. Le soir, les maisons bordant le lac s'illuminaient de lanternes de papier multicolore, les barques portaient à leurs mâts des verres de couleur du plus bel effet, et, quand la lune, astre aimé du peuple arabe, venait parfaire la beauté de ce paysage fantastique, la joie des indigènes était à son comble.

Avec cet esprit d'imitation qui, mieux qu'ailleurs, porte les courtisans d'Égypte à singer les élus de la fortune, tous les habitants de la ville possédant quelque richesse voulurent, eux aussi, leur petit palais dans les environs de celui d'Elfy-bey.

D'immenses appartements furent construits pour le logement des mameluks. Dans le jardin se dressait un kiosque de proportions élégantes, placé de façon à recevoir l'air du nord, si particulièrement apprécié en ce pays.

Le kiosque déjà nommé est connu sous le nom de *Daliz-el-Maleck* (Félicité du roi).

On le voit, les quartiers de l'Esbékieh, au lieu de prendre comme en Europe les noms des hommes célèbres, recevaient simplement celui du propriétaire sur le terrain duquel ils étaient construite. La gloire en Orient se trouve presque toujours du côté de la richesse.

Au milieu du jardin se dressait une immense fontaine avec un bassin. Tout autour de cette fontaine étaient sculptés des poissons crachant dans l'eau *(sic)*[1]. Cette fontaine avait été offerte à El-Elfy par des Européens.

Quand le maître de ce logis fantastique arriva pour en prendre possession, la porte d'entrée, les cours, les jardins furent brillamment illuminés. Les salons resplendissaient de tout l'éclat de leurs lustres, garnis de milliers de bougies de cire. Les poètes et les courtisans vinrent complimenter le propriétaire d'une si belle maison, et l'un d'eux récita les vers composés pour la circonstance et qui commençaient par cette phrase : « Le soleil des félicitations a « éclairé un salon dont les beautés augmentent « par centaines...

« Sur sa porte, la joie a déclaré qu'El-Elfy a renouvelé le ciel de son bonheur... »

Et nul ne se lassait d'admirer tant de merveilles.

Un proverbe arabe dit que « sitôt la maison terminée la mort entre ». Pour El-Alfy, ce ne fut pas la mort, mais l'ennemi, sous les traits du

---

1. Djabarti, t. VI.

général Bonaparte. Celui-ci devint en réalité le véritable hôte de cette demeure, que le malheureux propriétaire n'avait occupé que deux courtes semaines.

Ce palais semblait construit tout exprès pour le vainqueur. Les maisons voisines, vides de leurs habitants, furent affectées aux officiers de l'expédition française. En peu de temps tout le quartier général se trouva réuni à l'Esbékieh. Voilà donc Bonaparte chez lui dans la maison de l'émir. Pour le servir, il avait alors, dans la domesticité directe, Hébert, qui conserva ce poste jusqu'en 1814. Hébert était fort attaché au général et sut lui en fournir de telles preuves que Bonaparte, après l'avoir nommé concierge du château de Rambouillet, lui laissa 20.000 francs dans son testament de Sainte-Hélène. Il fut d'ailleurs également généreux pour Lavigne et Jeannet Dervieu, tous deux aussi ses serviteurs durant la campagne d'Égypte. Il avait Gallyot comme cuisinier.

Comme secrétaire, Bourrienne, ce même Bourrienne, son camarade d'école, que tant de malencontreuses histoires et l'ingratitude du dernier moment n'ont pas suffi à effacer du cœur de Bonaparte vaincu et trahi.

Comme amis, Junot, Caffarelli, ce brave que les Arabes nommaient *Abou-Kachab* (le père de la béquille!) et dont les soldats disaient en maugréant : « Caffarelli, parbleu! il est content, lui! il ne souffre pas comme nous, il a un pied en France. » Ce pied en moins et cette jambe de bois constituaient d'ailleurs une des grandes distractions de l'armée. Ces vieux enfants que sont les soldats s'amusaient énormément des aventures extraordinaires de Caffarelli, qui perdait sa béquille un jour sur deux, voulant toujours courir aux passages les plus difficiles, aux endroits les plus périlleux.

A Suez, il fallut le tirer comme un crabe du sable, où sa malencontreuse jambe de bois était enfoncée si fortement qu'on l'y laissa.

Les médecins Desgenettes et le baron Larrey, fidèles compagnons de Bonaparte, faisaient aussi partie de son intimité. Bonaparte a dit dans son testament « qu'il tenait Larrey pour le plus vertueux homme du monde ».

Eugène de Beauharnais, alors âgé de dix-huit ans, était le plus dévoué, le plus précieux des aides de camp de son beau-père. Ce n'est pas une des moindres surprises que nous laissent les souvenirs de cette époque, que l'attention constante, la tendresse toute paternelle avec laquelle le général, si dur pour lui-même, veille à la santé, au bien-être, à la vie de cet enfant, dont Joséphine lui a donné la garde et qui pourtant n'est pas le sien... Pour s'en convaincre, il suffit de jeter les yeux sur quelques passages des lettres que Bonaparte écrit alors à son beau-fils, momentanément éloigné de lui :

« Marchez toujours avec l'infanterie, ne vous fiez point aux Arabes, couchez-vous sous la tente... écrivez-moi par toutes les occasions, je vous aime : ayez soin de ne pas coucher à l'air et les yeux découverts. »

Et ce n'est pas tout. Quand le général a son beau-fils auprès de lui dans la maison d'El-Elfy, il s'inquiète constamment de ses occupations, de sa santé, de ses besoins.

Il veut que le jeune homme s'amuse, qu'il cherche aussi à bien connaître les beautés de ce pays où il l'a conduit.

Il le recommande aux membres de l'Institut, demande qu'on l'initie aux découvertes intéressantes. Il s'inquiète aussi de ses actes, ne ménageant pas plus les reproches que les encouragements. Même aux heures où Joséphine l'occupe davantage, où les imprudentes confidences de Junot bouleversent ses pensées, il demeure d'une bonté parfaite, d'une sollicitude touchante, pour ce fils d'un premier lit, qu'il a promis de ramener auprès de l'épouse infidèle ; et à l'heure du départ, le cœur saturé d'amertume à l'idée de ce qu'il va connaître à son retour à Paris, il n'a pour la compagne coupable aucun reproche devant son fils, il se contente de dire au jeune comte de Beauharnais :

« Eugène, tu vas revoir ta mère !... »

Bonaparte avait voulu amener en Égypte son frère Lucien, qui refusa. Louis fut avec Eugène son aide de camp.

M. Estève, le même qui fut plus tard trésorier de la liste civile, eut la charge de la comptabilité. Il comptait parmi les personnages que le général recevait plus fréquemment. Il aimait à se faire rendre compte de chaque chose, voulait être tenu au courant des moindres dépenses.

Bonaparte était déjà ce chef soucieux du confort de ses hommes ; il demeurait tel que quatre ans plus tôt, alors qu'à peine arrivé à l'armée d'Italie il ordonnait l'arrestation d'un garde-magasin coupable de fraude sur le poids des rations.

C'est avec raison qu'un historien de grande valeur, M. Arthur Lévy, a écrit dans son beau livre [1] : « Consul ou empereur, son inébranlable intégrité se fait jour dans toutes les occasions. Quel que soit le grade du prévaricateur, il déploie la même rigueur inexorable...

« Le soin de sa surveillance s'étendait aux

---

1. Arthur Lévy, *Napoléon intime.*

objets les plus minimes. Il se montra inexorable pour les marchands de légumes qui essayaient de faire passer à l'armée des corbeilles de tomates sûres et de concombres pourris. »

Les Grecs, qui avaient essayé de mêler au pain des farines avariées, furent sévèrement poursuivis et châtiés.

Il était déjà le maître intraitable qui, plus tard, chez lui, se faisait montrer les notes de blanchissage et les livres de ménage des chefs, disant qu'une feuille de salade, une grappe de raisin, doivent être mentionnés.

Estève s'était installé dans le vieux palais du cheik El-Beckry. Les écrivains coptes et les traducteurs se rendaient chaque jour chez lui et travaillaient sous ses ordres. Souvent ils voyaient arriver le général, qui, sans s'être fait annoncer, pénétrait dans le mandara[1], s'installait et se faisait expliquer ce qui s'était fait la veille. Il voulait tout savoir, demandait qu'on lui montrât jusqu'aux fournitures les moins importantes. Les Arabes assuraient qu'il se connaissait en tout. Le grain des cuirs, la trame des étoffes, le bois des ustensiles, il savait apprécier chaque chose et l'évaluer à sa plus juste valeur.

---

1. Appartement des hommes dans les maisons indigènes et toujours situé au rez-de-chaussée.

L'obséquiosité, la cautèle des fournisseurs syriens ou israélites, avaient le don de l'exaspérer. « Ils sont trop polis, » disait-il brutalement aux traducteurs, « ils se préparent à nous voler. »

Mais, la bonté naturelle de son caractère reprenant le dessus, il ajoutait : « Ces malheureux, chrétiens ou juifs, on leur a trop appris à courber l'échine, ils ont trop souffert les vexations et les injustices des vainqueurs, ils ne savent plus penser ni se tenir droits. »

Cependant on avait nommé membres du divan deux Coptes, Moïse et Jean Bino, représentant les Français. Un autre, nommé Malato, fut créé juge au même divan.

Il ne faut pas oublier le fameux Barthélemy. Grec chrétien, Barthélemy avait été nommé lieutenant de police. C'est une des figures les plus curieuses de l'occupation. Mélange d'ignorance et de bravoure, puisant surtout son courage dans la confiance inouïe qu'il avait de lui-même, il aimait le faste avec passion, acceptait avec joie les missions les plus périlleuses, à seule fin d'exhiber le magnifique costume qu'il s'était fait faire [1].

« Barthélemy semblait appartenir par ses formes à cette race d'athlètes dont la vigueur fabuleuse n'existe plus que dans nos traditions. »

---

1. *Souvenir d'un savant de l'expédition d'Égypte,* 1824.

Avec sa taille de géant, ses épaules larges et saillantes, sa figure maigre et osseuse, on l'eût pris pour un de ces types herculéens consacrés par les sculpteurs antiques. Si l'on ajoute à ces proportions de colosse un œil de feu, un teint de bronze, une bouche au rire sardonique et cruel, on pourra se faire une idée assez précise de ce titan égyptien. On avait placé sous ses ordres une centaine de cavaliers grecs, maugrabins ou barbaresques, chenapans impitoyables comme leur chef.

« Quand cette bande formidable sortait du Caire par Bab-el-Fetouh (porte de la conquête), c'était à glacer les plus hardis. En tête du corps marchait Barthélemy, coiffé d'un immense turban blanc qui tranchait avec le brun de son visage. Une veste grecque, toute luisante de broderies, un ample pantalon flottant, une ceinture d'un rouge feu, des bottes de maroquin, et, pardessus le tout, une riche pelisse ornée des épaulettes de chef de brigade, voilà quel était le costume habituel de l'exterminateur des Bédouins[1]. »

Barthélemy prenait son métier de telle sorte qu'il eût regardé comme une honte de rentrer

---

[1]. *Histoire scientifique et militaire de l'expédition d'Égypte,* d'après des documents inédits.

au Caire sans rapporter quelques trophées macabres attestant la réussite de sa mission vengeresse. Il avait coutume de se faire précéder par des hérauts portant fichées au bout de leurs piques quelques têtes fraîchement coupées.

Quand il n'avait trouvé sur sa route ni Bédouins ni maraudeurs, il massacrait tranquillement les fellahs.

Un jour que le général Dupuy traitait quelques camarades, Barthélemy se fit annoncer, déclarant qu'il avait une communication urgente à présenter au général. Une fois introduit, Barthélemy s'incline et, gravement, vide aux pieds du maître de la maison un sac rempli de têtes sanglantes, qui s'en allèrent rouler aux quatre coins de la salle. Les convives muets d'horreur protestèrent; Dupuy chassa le malencontreux visiteur. Mais Barthélemy ne comprit jamais pourquoi l'on avait si mal goûté la jolie surprise qu'il avait voulu faire au général et à ses hôtes.

Lors de la révolte du Caire, ce fut encore Barthélemy qui, d'un coup rapide de son fameux cimeterre, fit voler le chef des dix rebelles condamnés au dernier supplice.

Il semble bien que ce rôle de bourreau soit celui qu'il ait le plus volontiers et le plus excellemment rempli. Et l'on se demande si la crainte des représailles ne lui fit pas choisir de préférence l'armée française à celle des beys, quand sonna pour nos troupes l'heure du départ. Les horreurs sans nom commises par lui devaient rendre impossible son séjour au Caire. La fidélité dont il fit preuve pourrait bien n'avoir pas d'autre raison.

La femme de Barthélemy, amazone redoutable, caracolait constamment à ses côtés, vêtue de costumes bizarres, auxquels les soldats français ne parvenaient pas à s'habituer.

« Les principaux coupables étaient livrés à Barthélemy, dont la justice expéditive manquait rarement son effet de salutaire terreur. Quand on le voyait marcher vers la citadelle, le cimeterre nu, suivi de ses patients garrottés, c'était un spectacle à refouler au fond de bien des cœurs toute intention mauvaise[1]. »

Les serviteurs de Barthélemy se paraient d'un uniforme bariolé et tenaient des lances d'argent. Barthélemy alla habiter le palais *Yaya Kacheff*, dans la rue d'Abdine. Il prit possession de ce palais avec tout ce qu'il contenait, y compris les esclaves des deux sexes.

Barthélemy est le prototype du pallicare parvenu. Brave à ses heures, il se montra cons-

---

[1]. *Histoire scientifique et militaire de l'expédition d'Égypte.*

tamment dévoué à nos armes, parce qu'il y trouva sans cesse son intérêt.

Il ne perd aucune occasion d'arrondir son extraordinaire fortune. Depuis sa naissance, il a essayé de toutes les chances, commencé tous les métiers. A l'arrivée des Français, il cumule les fonctions d'artilleur, sous les ordres du fameux Elfy-bey, et de vendeur de verreries dans une boutique du vieux Mousky. Les Arabes avaient travesti son nom de façon amusante; de Barthélemy ils avaient fait : *Fart-el-Roumane* (Grain de grenade).

Il ne faut pas oublier parmi les Grecs engagés en Égypte au service de la France le capitaine Marco Nicolas. Cet officier avait épousé la femme d'un émir syrien, alors en fuite. Cette femme, nommée Avva (Ève), magnifique Circassienne de vingt-cinq ans, demeurée libre après le départ précipité des émirs, avait supposé que les Français s'établiraient définitivement en Égypte et que les Turcs n'y viendraient plus jamais. Incapable de résister aux nombreux hommages que sa beauté lui attirait, grisée par cette folie de liberté qui s'empara alors de la plupart des femmes du Caire, elle mena une conduite assez légère, puis, lasse des aventures, fixa son sort à celui du beau capitaine Nicolas, qui l'épousa. Elle était demeurée avec lui à la citadelle, quand le bruit du départ de nos troupes commença de circuler. Effrayée à l'idée du sort misérable qui l'attendait si son premier mari revenait et si le second était tué dans une de ces escarmouches si fréquentes alors, elle s'enfuit la nuit, emportant ses effets et ses bijoux. Les Français, craignant qu'on les accusât de la disparition de cette femme, la firent rechercher par la police. Un certain Abdel-el-Aal mit dans ses recherches une telle ardeur qu'il dut être puni lui-même par la façon étrange dont il procédait. Sous prétexte de chercher la disparue, il pénétrait dans les maisons sous un déguisement féminin alors que les maris étaient absents et enlevait tout ce qui se trouvait à sa portée. Il alla même plus loin et, dans l'espace d'une semaine, mit à mal un si grand nombre de jeunes filles qu'il fallut l'arrêter et l'emprisonner pour calmer le peuple.

Il eût certes mieux valu pour la malheureuse Avva que les Français la laissassent fuir. Découverte dans le harem d'une amie, elle fut rendue non pas au capitaine, mais à sa famille, qui la réclamait. On exerça autour d'elle une étroite surveillance jusqu'au départ des Français. Elle vivait sagement, ne demandant que l'oubli. Son Grec ne s'était même pas inquiété d'elle, ce qui prouve le peu de solidité des unions mixtes contractées à ce moment-là.

Sitôt les Français partis, quand sonna l'heure terrible des représailles, Avva fut dénoncée à son mari, Ismaël Kacheff-el-Chami, de retour au Caire avec les autres Turcs. Celui-ci la fit appeler employant force promesses et bonnes paroles pour la décider à réintégrer le domicile conjugal.

Quand elle parut devant lui, elle se jeta à ses pieds implorant son pardon. Il la releva, la rassura tendrement, jurant que tout était oublié. Il eut le courage de vivre avec elle toute une semaine, comme si rien ne s'était passé entre eux. Cependant, l'époux outragé était allé trouver le vizir et lui exposer son cas, en sollicitant de lui l'occasion de punir la coupable selon son gré. Cet émir était un homme correct. Il voulait bien châtier le crime, mais avec la certitude d'agir selon la loi. Le vizir, ayant donné sa parole qu'il ne serait infligé aucun blâme à l'époux justicier, celui-ci rentra chez lui, étrangla paisiblement sa femme, sans se laisser attendrir par ses supplications désespérées, et fit subir le même sort à l'esclave blanche confidente des amours de sa maîtresse. Cette esclave avait cependant donné un fils à ce maître cruel; mais que valait une telle excuse devant la faute que la pauvre fille avait pu commettre ?... Pour un mari musulman de cette époque, l'esclave qui pouvait voir la femme de son seigneur commettre le péché d'adultère sans la tuer devenait aussi coupable que la criminelle, et la même justice impitoyable devait les supprimer toutes deux.

Quant au beau capitaine Nicolas, il reprit du service dans l'armée turque, sans paraître avoir déploré la catastrophe dont il était cause. Il était de ceux pour qui l'existence d'une femme n'a pas d'importance.

Barthélemy demeura fidèle à la France et fut un des premiers à demander de suivre nos officiers. Il partit avec son compatriote Yanny, le fameux aga *Abd-al-Al* et un certain *Youssous-el-Ilamawy*, pour l'île de Rodah, d'où l'armée devait regagner Rosette afin de s'embarquer pour l'Europe.

Beaucoup de Syriens et de Coptes suivirent l'exemple et emmenèrent leurs familles.

Malgré la clause spécifiée dans la dernière proclamation de Menou, assurant que les musulmans s'engageaient à ne poursuivre aucun de ceux qui avaient aidé les Français ou entretenu avec eux des liens d'amitié ou de commerce, tous les gens sages pouvant partir sans compromettre leur fortune n'hésitèrent pas. Ils redoutaient les suites de leur faiblesse; connaissant le pays, ils savaient bien que la vengeance turque ne pardonne pas et que les représailles seraient plus terribles que les crimes. En quoi ils ne se trompaient guère, car presque tous ceux qui demeurèrent furent immolés par l'ordre des mameluks.

Bonaparte ne portait pas encore sur sa face dominatrice ce masque autoritaire et fier qu'il montra par la suite. Il était tel alors que le dépeignait quelques mois plus tôt un homme qui l'avait aperçu pour la première fois au retour de l'armée d'Italie. « Petit, mince, ayant l'air fatigué, mais non malade, paraissant écouter avec plus de distraction que d'intérêt ce qu'on lui disait... Physionomie pétillante d'esprit, souvent empreinte de cet air de méditation qui ne laisse rien connaître des pensées intérieures. »

L'historien Marcel [1], parlant du costume modeste de Napoléon, qui ne se distinguait de celui de ses soldats que par quelques broderies, dit que, dans sa simplicité et son extraordinaire bravoure, on eût cru voir un nouveau Léonidas se préparant à lutter avec ses Lacédémoniens contre les satrapes. Et il ajoute : « Seulement ici

---

1. J.-B. Marcel, *l'Égypte française.*

il n'y aura pas de Thermopyles, les Pyramides seront heureuses aux Français. »

Le mépris que Bonaparte semblait vouer au luxe de la toilette allait jusqu'à la plus complète négligence des intérêts de sa personne. Tandis que, sous l'influence d'un climat changeant, les soldats, brûlant de chaleur à midi, grelottant la nuit, en étaient réduits à faire la sieste une partie de la journée et à se promener ensuite pour ne point attraper du mal dans leurs vêtements inondés de sueur, Bonaparte seul ne paraissait ressentir aucune incommodité. A peine, quand les nuits se montraient par trop froides, consentait-il à jeter un manteau sur ses épaules. Il ne dormait jamais durant le jour et gardait son uniforme militairement boutonné du haut en bas comme à Paris, sans même songer à en faire changer ni l'étoffe ni la forme pour en choisir un autre mieux approprié au nouveau pays où il se trouvait.

Une vieille femme syrienne, dont la famille était établie au Caire depuis des siècles, me racontait avoir entendu dire à sa mère que la chose qui avait le plus surpris le peuple égyptien lors de l'arrivée des Français, c'était le peu de richesse de leurs costumes et l'apparence misérable de la plupart des officiers.

Au retour de la campagne de Syrie, les

troupes se trouvaient, au point de vue du costume, dans un délabrement complet. Les médecins attribuaient à la malpropreté des habillements le grand nombre de maladies infectieuses qui décimaient l'armée. Bonaparte, toujours rapide en ses décisions, résolut de porter remède à un état de choses aussi pitoyable. Il ordonna d'équiper à neuf cent trente mille hommes... L'ordre était formel. Son application semblait difficile en un pays où les arrivages d'Europe ne se faisaient plus et où, même en réunissant toutes les pièces de drap emmagasinées dans les soucks [1] du Caire et des autres villes, on n'eût pu vêtir cinq cents soldats de même façon...

Alors le général en chef eut une idée géniale. Chaque demi-brigade eut son uniforme, et cet uniforme fut choisi dans les couleurs que fournissait le pays. Bleu, vert, orange, rouge, etc... Les Orientaux affectionnaient surtout les couleurs voyantes. Pour consoler les soldats, on prit soin de chamarrer leurs tuniques de galons, brandebourgs, aiguillettes, du plus bel effet... Malgré tout, ceux qui durent endosser des uniformes d'un beau jaune canari n'étaient pas contents. Il y eut des murmures...

Murat, toujours épris du fantasque, pro-

---

1. Marchés.

posa le plus sérieusement du monde des vestes en peau de tigre pour ses cavaliers. Offre qui n'eut d'ailleurs aucun succès. Tout s'arrangea enfin, grâce à la sagesse de l'ordonnateur en chef, d'Aure.

Il faut se reporter à l'époque et lire la description que le voyageur Volney nous donne de la magnificence des mameluks pour comprendre la réflexion de la vieille Syrienne citée plus haut :

« Par-dessus une ample robe de lin, les mameluks portaient plusieurs autres vêtements en cachemire, en toile de soie, sur un large pantalon en drap de Venise appelé saille. Sur la tête, un turban de forme bizarre, cylindre jaune garni en dedans d'un rouleau de mousseline artistement composé. Des bottes de cuir jaune, un manteau garni de riches fourrures, des armes scintillantes complétaient la richesse et l'éclat de ce costume, auprès duquel les tons du drap passé, les galons déteints, les shakos de cuir bouilli et les chaussures lamentables de nos fantassins pouvaient paraître grotesques à ceux-là qui ne jugent de la valeur des armées que sur la hauteur des panaches ou la splendeur des uniformes. »

Ajoutez que les chefs mameluks ne portaient que des manteaux de soie claire et que leur front se parait d'aigrettes ruisselantes de pierreries, dont les feux incendiaient, au passage, les yeux de la foule émerveillée. Les fourrures faisaient partie intégrante du luxe turc. Nous voyons à chaque page, dans l'histoire d'Egypte, des phrases comme celle-ci : « Le vizir se présenta et on le revêtit d'une pelisse de fourrure magnifique. » On sait que la pelisse représentait le vêtement d'honneur, quelque chose comme la croix ou la rosette pour nos soldats.

Quand Mohammed-pacha, wali d'Egypte, arriva de Constantinople pour gouverner l'Egypte, il écrivit aux cheiks et aux notables d'avoir à le recevoir selon l'antique usage oriental.

« Les cheiks Ibrahim et Mohammed se rendirent donc à la résidence du vizir et lui présentèrent un pli renfermant sa nomination d'*hatti chérif*. Le vizir le prit et le baisa. Ils lui offrirent ensuite une magnifique fourrure de martre, qu'il revêtit sur-le-champ, ainsi qu'un sabre, dont il se ceignit, et une coiffure ornée de diamants, dont il se couvrit. Le même jour, le vizir revêtit les émirs et les soldats de fourrures, de pelisses, et leur donna des ornements d'or pour leurs coiffures [1]. »

On le voit, rien n'égale, pour l'Oriental, un

---

[1]. Djabarti, *Merveilles biographiques*, t. VI.

vêtement de peau de bête. Et tandis que le fellah, plus pratique, se promène vêtu de sa modeste galabieh bleue ou blanche, bien plus appropriée aux étés brûlants de son pays, le Turc, orgueilleux, croirait déroger en sacrifiant à la terre vassale une seule pièce de son costume, merveilleux, certes, pour les rives du Bosphore ou les montagnes glacées de l'Oural, mais parfaitement ridicule en Égypte. A ce costume il doit sans doute la pesanteur de sa marche, la lourdeur spéciale de sa tournure, qui le fait deviner, même de loin.

Les émirs et leurs soldats ont constamment l'air d'être à la parade. Leurs chevaux ploient sous la charge énorme de leurs armes et de leurs vêtements. Aussi, quelle piètre figure font les soldats de Bonaparte et leurs sveltes officiers à côté de ces guerriers superbes, semblant uniquement occupés de la splendeur de leurs atours. Seul sans doute parmi nos soldats, Murat sut s'attirer l'admiration du peuple indigène par l'élégance suprême de son uniforme. Récemment promu général, il arborait les broderies les plus éclatantes, les plumes les mieux fournies de toute l'armée. Ami du faste, il se révélait déjà tel qu'il devait être chez les Cosaques, dont il provoquait l'enthousiasme en s'arrêtant devant eux pour mieux faire admirer sa toque à la polonaise et son costume chamarré d'or. Arthur Levy, dans son livre[1], l'appelle « un flamboyant tambour-major à cheval ». Pendant une de ses campagnes, on avait envoyé, en quatre mois, pour 27.000 francs de plumes d'autruche pour ses coiffures.

Durant toute la campagne, le camp de Murat résista à la tristesse et au découragement où si souvent les autres officiers se laissèrent glisser par suite des événements.

Même en Syrie, à l'heure où le combat faisait rage, où la peste décimait les rangs, on dit que la nostalgie et l'inquiétude n'eurent pas de prise sur les jeunes fous composant la société de Murat. Celui-ci avait installé sa tente au débouché de Nazareth, sur le penchant d'une colline. Cette tente ne ressemblait en rien à celles que l'on a coutume de voir en campagne. Capturée sur le trésor des émirs, elle était faite de broderies magnifiques et aménagée de façon à laisser pénétrer l'air sans recevoir le soleil. Là, mollement étendus sur des divans, la pipe aux lèvres, Murat et ses amis devisaient joyeusement de Paris, des femmes qu'ils y avaient laissées, de celles qu'ils y retrouveraient. L'heure des repas n'était même pas changée. Toujours amoureux

---

1. Arthur Levy, *Napoléon intime*.

de sa personne, Murat, levé à l'aube, prenait le plus grand soin de sa toilette, avait la meilleure table et repoussait les soucis, qui gâtent le teint et rident les fronts. Sautant de cette vie de paresse à l'action la plus hardie, quand sonnait l'heure de la bataille il allait au combat comme à la fête. On raconte que, même à l'avant-garde, au mépris de tous périls, alors que l'assaut pouvait reprendre d'un instant à l'autre, on l'avait vu se dépouiller de ses vêtements et de ses armes, faire dresser un lit et s'y étendre pour dormir. Quand on lui demandait ce qu'il ferait si l'ennemi venait le surprendre à l'improviste : « Eh bien, répondait-il, je monterais à cheval en chemise, et l'on me distinguerait bien mieux[1]. »

Lors du voyage du colonel Sébastiani et de M. Amédée Faubert en Syrie, quelques années après l'expédition, le vieux pacha d'Acre, Djezzar, racontait à nos compatriotes comment il avait connu le beau-frère de Napoléon. Il s'était trouvé dans le combat de Saint-Jean-d'Acre, face à face avec l'intrépide Murat. Celui-ci, monté sur la brèche en simple volontaire, signalait comme de coutume sa valeur chevaleresque et sa belle intrépidité.

— J'admire les Français, déclarait Djezzar à

---

1. *Histoire scientifique et militaire de l'expédition d'Égypte.*

M. Faubert, depuis qu'au siège, dans un des assauts les plus meurtriers, un de vos généraux, votre *Mourad (sic)*, monta jusque sur le haut de mes murailles. Là, comme un lion furieux il se défendait seul contre tous mes gens. Moi-même étant accouru, j'étais sur le point de le tuer, mais, frappé de sa belle prestance et de tant de courage : « Non, il ne sera pas dit, m'écriai-je, que Djezzar ait ôté la vie à un héros si beau et si intrépide. Je me contentai d'abattre son panache, que je conserve encore, et j'ordonnai à mes soldats de l'écarter de la brèche sans lui faire aucun mal. »

Pour qui connaissait Murat, la capture de son panache dut être presque aussi cruelle que celle de sa personne.

Les autres généraux et les savants qui faisaient partie de l'expédition imitaient au contraire la simplicité de leur général en chef.

Et cette modestie dans leur mise, cet abandon frisant la misère, ne les empêcha point de se conduire en héros. Tout leur courage pourtant et l'admirable endurance dont ils firent preuve pendant le temps de la campagne ne les mit pas à l'abri des sarcasmes de l'armée.

Les soldats ne leur pardonnaient point l'enthousiasme qu'ils témoignaient devant les beautés d'un pays jugé par eux abominable. Ils accusaient l'Institut tout entier d'avoir, par une imprudente curiosité de ses membres, décidé le général Bonaparte à entreprendre l'expédition.

A la bataille des Pyramides, Bonaparte, ayant ordonné que l'on plaçât les ânes et les savants au milieu des carrés pour les préserver, cette phrase malheureuse décida de la nouvelle appellation des hommes de la science. Les soldats désormais ne les nommaient plus que « les ânes », tandis que les baudets bénéficiant de la comparaison prirent le nom de « demi-savants ».

Les mameluks, emmaillotés dans leurs vêtements innombrables, ne pouvaient guère se défendre une fois désarçonnés. Leurs chevaux, succombant sous le faix d'un harnachement démesuré presque pareil à celui des courriers du moyen âge, se prêtaient difficilement aux mouvements de leurs cavaliers. Le khamsin[1] soufflant en rafales acheva sans doute d'étourdir hommes et bêtes lors de la bataille des Pyramides. Les Français, peu vêtus, point encombrés de surcharges inutiles, ayant le vent pour eux, aidés encore par leur beau courage et leur extraordinaire sobriété, se battirent comme des démons et se divertirent comme des enfants. Les

---

1. Vent du sud.

privations, les souffrances, la chaleur, la soif, tout était oublié, rien n'existait plus que le triomphe de cette poignée d'hommes aux habits râpés, aux coiffures poussiéreuses, vainqueurs de l'armée superbe de ces mameluks si justement redoutés de tous.

Cependant, le danger ne résidait seulement point pour Bonaparte dans les champs de bataille ou dans les assauts. Les trahisons sans nombre le guettaient dans son camp même. Les soldats ne lui épargnaient ni les railleries ni les reproches, l'accusant au début de s'être laissé déporter par le Directoire et de les avoir entraînés si loin sans prévoir les suites de l'équipée. Comme je l'ai dit plus haut, ils en voulaient surtout aux savants, qu'ils accusaient d'en être les promoteurs.

Chaque fois qu'on s'arrêtait devant quelque ruine et qu'un des membres de l'Institut essayait d'attirer sur elle l'attention du général, les troupes, incapables de comprendre, maugréaient. Leur plus grande distraction était la bourricade[1]. Quand il s'agissait de choisir un

---

1. Les bourriquiers, au retour de ces excursions, réclamaient le prix de la promenade en arabe : *meschouar !* Les soldats, feignant de croire qu'ils demandaient un mouchoir, leur jetaient le leur et s'en allaient quelquefois sans payer. — Clot-bey, *Aperçu général sur l'Égypte.*

âne, les soldats, riant, disaient entre eux : « On va louer un savant pour faire la promenade... »

Bonaparte, qui n'ignorait rien de ces petites lâchetés, faillit plusieurs fois être victime de la bravade qu'il mettait à donner le bon exemple à seule fin de remonter le moral des hommes qu'il conduisait.

Après Damanhour, et tandis qu'il marchait vers le Caire, il s'éloigna de la division Desaix et de son état-major à une telle distance que les mameluks, le voyant seul, fondirent sur lui comme une nuée d'oiseaux de proie.

Il ne dut son salut qu'à une de ces élévations de terrain propres aux environs de la ville et particuliers à ce coin du Béhéra.

C'est au retour de cette alerte qu'il eut ce mot si souvent répété depuis. Tandis que Desaix, fier d'une camaraderie déjà vieille, lui reprochait son inqualifiable imprudence en termes assez vifs, Bonaparte souriant répondit :

— Rassurez-vous, mon ami, il n'est point écrit là-haut que je doive devenir le prisonnier des mameluks. Prisonnier des Anglais, à la bonne heure.

Il ne savait pas si bien dire...

La première nuit qu'il passa dans la maison de Mourad-bey sur les bords du Nil, un esclave, qui était demeuré caché dans un placard obscur des cuisines, rampa jusqu'au lit où dormait le général et l'aurait sans doute tué si les gardes n'étaient accourus.

Ce fait peu connu m'a été conté par de très vieux Égyptiens. L'esclave fut pris, fusillé à l'aube, et son corps jeté au fleuve.

A Suez, Bonaparte, mal renseigné sur l'heure de la marée, faillit être victime de sa témérité. Il ne dut son salut qu'à la rapidité de sa course.

Il m'a été assuré que plusieurs personnes avaient tenté de l'assassiner dans sa maison de l'Esbékieh, poussées par les envoyés secrets des mameluks; mais ces émissaires, mis en présence du général en chef, et moins intrépides que l'Alépin Suleïman, n'avaient pas osé frapper.

Ils s'étaient contentés d'expliquer leur présence par quelque raison plus ou moins plausible.

Djabarti nous apprend que le trois du mois de Rabi-el-Thaïm se passa un événement dont seuls les musulmans pouvaient escompter les conséquences. Cet événement peu connu passa presque inaperçu. Je me permets de citer la page entière où l'historien égyptien dépeint l'anecdote.

« Le trois, Ibrahim-bey écrivit aux cheiks de se tranquilliser, parce que, le sultan lui ayant envoyé des renforts, il allait sous peu rentrer en

Égypte. Bonaparte eut connaissance de l'arrivée de ces lettres. Lorsqu'on les lui traduisit, il s'écria : « Ils mentent ! »

« Le même jour, par une coïncidence extraordinaire, arriva au Caire un aga turc. Il traversa la ville pour aller faire ses dévotions à la mosquée d'Hussein. La foule qui le vit fut enthousiasmée, car on supposa que c'était un messager du sultan qui apportait aux Français l'ordre d'évacuer l'Égypte. Ce messager avait, dit-on, remis au chef d'autres lettres secrètes.

« Ce bruit était tellement répandu au Caire que Bonaparte crut devoir aller lui-même aux informations auprès du cheik El-Sadat. Le général, à cheval, accompagné d'une escorte française, arriva chez le cheik dans l'après-midi.

« C'était la première visite que lui faisait Bonaparte. De plus, ce jour-là, il se trouvait souffrant : aussi s'effraya-t-il beaucoup en voyant les cavaliers chez lui. Le général l'interrogea sur les prétendues lettres ; il répondit qu'il n'en avait aucune connaissance, et, en effet, il n'en avait pas entendu parler. Après une heure, le général se retira.

« Ce bruit n'avait aucun fondement. Cependant, devant la mosquée, la foule accourue pour voir l'aga était immense. A ce moment Bonaparte sortait de chez le cheik Sadat. Quand il traversa la foule, il y eut un cri général et des citations à haute voix des versets du Coran... Bonaparte s'informa de ce qui se passait, mais on lui cacha la vérité, on lui dit que la foule l'acclamait et lui faisait des souhaits de bonheur. Ce fut un moment critique qui aurait pu avoir des suites très graves. Ce jour-là, l'ordre fut donné d'enlever toutes les portes des rues et de la ville [1]. »

Admirez la sobriété de ce récit, qui en dit pourtant si long sur les sentiments du peuple égyptien. Djabarti est impartial avant tout. Il n'ergote pas, il narre. Qu'une seule bouche ait proféré la menace, qu'une seule main se soit levée, et toute la foule se précipitait sur Bonaparte sans défense, livré aux fureurs de la nation opprimée; que le crime s'accomplît, et la destinée de l'Europe eût été changée.

Cependant nul conquérant, peut-être, ne chercha davantage à se concilier les sympathies du peuple vaincu. Sans me fier aux sources européennes involontairement partiales, j'ai voulu interroger les manuscrits indigènes. Ici encore, c'est le cheik Djabarti qui nous fournit toutes les preuves de la justice et de la bonté du général, que tant d'écrivains ont voulu noircir.

---

1. Djabarti, *Merveilles biographiques.*

« Sa sollicitude s'étend à tout et à tous. Il a surtout à cœur de ne blesser les croyances de personne, en ce pays où fomentent tant de haines et de passions entre gens que les races et les cultes séparent à chaque instant. C'est par ordre du général Bonaparte que les Coptes et les Syriens chrétiens reprennent le turban noir ou bleu autrefois imposé par l'Islam à ceux qui refusèrent de suivre sa loi. Défense est faite de fumer ou de boire dans la rue pendant le mois du Ramadan, et cela pour ne pas blesser les musulmans dans leur coutume de jeûne [1]. »

Au moment de l'arrivée des Français, les Juifs, les Coptes, les Grecs et les Syriens établis au Caire se trouvaient en assez fâcheuse posture devant la population musulmane. Les pachas leur avaient peu à peu retiré tous les privilèges dont ils jouissaient du temps des khalifes. C'est ainsi qu'une ordonnance leur interdisait de porter les couleurs des musulmans, de se coiffer comme eux, etc... Dans la rue, quand ils rencontraient un musulman, ils devaient prendre la gauche, s'aplatir contre les murs si les eunuques annonçaient le passage d'une femme.

Avec l'occupation française, tout changea. Les opprimés s'érigèrent en potentats et usèrent

---

1. Djabarti, t. VI.

de toutes sortes de vexations vis-à-vis des maîtres de la veille. Les Coptes, chargés des recouvrements, firent payer bien cher aux musulmans des provinces les mesures arbitraires dont on avait jadis usé envers eux. Malgré toute la bonne volonté d'Estève et de ses lieutenants, il se passa alors aux finances des faits abominables dont ils n'eurent même pas connaissance. Seuls, les interprètes auraient pu les renseigner, mais ceux-ci, tous chrétiens, coptes ou grecs, se gardaient bien de le faire et traduisaient bien plus souvent selon leurs sentiments personnels que d'après la vérité. Aussi toutes les réclamations restaient sans effet.

« Les Coptes, les Syriens, les Grecs et les Juifs de la basse classe, qui étaient au service des Français, devenaient insupportables. Ils montaient à cheval, portaient des armes et commençaient à insulter les musulmans. Quelques-uns de ces derniers, écoutant les esprits malins, renoncèrent à leur religion [1]. »

Ils firent tant et si bien que Bonaparte, excédé, ordonna le rétablissement des anciens usages. Chrétiens et juifs durent reprendre le turban sombre, les ceintures unies et les chaussures noires. Il leur fut interdit de fumer et de

---

1. Djabarti, t. VI.

boire dans la rue en temps de Ramadan, de monter des chevaux ou des mules, de sortir armés, etc., etc.

Djabarti va nous dire encore jusqu'où s'étend la justice du général en chef.

« Un jour, un cheik rencontre un jeune chrétien en train de fumer. Le cheik, âgé et religieux, s'arrête, reprend poliment le jeune homme sur l'inconvenance de sa conduite : celui-ci répond par une série d'injures. Le cheik descend de sa monture. On se bat. La police arrive, les deux combattants sont conduits devant Dupuy, qui en réfère au général. Le général interroge les membres du divan, qui lui répondent que l'usage établi interdit aux chrétiens de fumer en public durant le mois sacré, afin, ajoutent-ils, de ne pas induire les croyants au scandale et à la tentation.

« Sur quoi le musulman fut relâché, et le chrétien bâtonné, après toutefois qu'on se fut rendu compte qu'il était bien du pays et n'ignorait point les lois [1].

« Un Français, nommé Delois, avait réuni tous les marchands de grains de la place Roumélia et confisqué leurs marchandises. On fit une enquête.

---

1. Djabarti se trompe. Cet homme n'était pas Français, mais Copte. Il se nommait Diloa.

Elle aboutit à la confusion de notre soi-disant compatriote. Il fut convaincu d'avoir cédé à l'instigation d'une femme indigène et d'un Turc, amant de cette femme, désireux de s'enrichir et de compromettre un chrétien dans une vilaine affaire. Delois fut emprisonné à la citadelle, la femme pendue et le Turc décapité.

« Le samedi, dix-huit Rahbi, quelques cawas furent envoyés pour démolir les tombes de l'Esbékieh et du Rouëy et en niveler le terrain. Les propriétaires de ces tombeaux allèrent en sanglotant se plaindre au général en chef, qui les reçut avec une grande bonté et leur fit expliquer par son drogman qu'il n'avait donné cet ordre que pour prévenir des nouvelles inhumations en un quartier populeux où le cimetière touchait les maisons. Il leur promit que les anciennes tombes seraient respectées. Et il fit arrêter les travaux le jour même.

« Les cheiks écrivent à propos du pèlerinage que les Français avaient réuni les pèlerins éparpillés après le retour de la Mecque, qu'ils les avaient fait accompagner par de bonnes escortes, qu'ils avaient donné des montures à ceux qui allaient à pied, nourri ceux qui avaient faim et donné à boire à ceux qui avaient soif.

« Les ouvriers étaient largement payés, beaucoup plus qu'ils ne l'étaient habituellement. Ils recevaient leur salaire tous les jours dans l'après-midi. On leur avait donné des outils perfectionnés et simples.

« Ainsi, au lieu de paniers et de pots, on se servait de petites charrettes à deux bras, que les ouvriers remplissaient de terre ou de pierres et qu'ils poussaient ensuite sur des roues. Les Français taillaient les pierres et coupaient les bois d'après les règles géométriques à angles droits et suivant les lignes droites [1]. »

A Suez, les soldats, ayant trouvé la ville abandonnée, prirent dans les maisons quelques provisions telles que café, sucre, riz et autres denrées. D'autres pillèrent franchement et s'approprièrent des objets et des meubles. Les négociants de la ville s'étant plaints à Bonaparte à son arrivée, il ordonna aussitôt la restitution de tout ce qui avait été pris, fit dresser un inventaire de ce qui manquait et s'engagea à en rembourser le prix. Les coupables furent punis. Les peines les plus sévères furent édictées pour les soldats et les officiers qui se permettraient la moindre licence avec les femmes indigènes. Bien plus, chaque famille qui désirait se mettre à l'abri des attaques des Bédouins ou des ma-

---

[1]. Djabarti, t. VI.

meluks n'avait qu'à s'adresser au général. Un petit drapeau français placé sur la maison la rendait sacrée, et nul n'aurait osé l'attaquer.

Au moment de l'arrivée des Français, les tribus bédouines de la Lybie, se figurant que le brigandage serait désormais plus facile en terre égyptienne, se réjouirent. Les filles d'Hennâty, la plus ancienne des tribus lybiques, chantaient dans leurs moâls [1] :

« Vive le peuple qui a chassé Mourad du Caire.

« Vive le peuple qui nous a laissés voir les villages.

« Vive le peuple qui nous a fait manger des fétyrs [2]. »

Un jour, des soldats [3] ayant dérobé deux régimes de dattes dans un jardin de Ghizeh, Bonaparte, saisi de l'affaire, fit aussitôt rembourser le propriétaire du prix de ces fruits. Les soldats furent condamnés à faire deux fois le tour du camp, leurs habits à l'envers, le régime de dattes en bandoulière et, sur la poitrine, un

---

1. Les moâls sont des espèces de cantates populaires.
2. *Histoire scientifique et militaire de l'expédition d'Égypte*, d'après des documents inédits. — *Fétyrs*, sorte de gâteaux feuilletés très beurrés.
3. Ces soldats se nommaient J.-B. Lénati, Bénéditte et François Sala.

écriteau avec cette mention : *Maraudeurs*. Le mardi, premier Chabaan, le général fit fusiller trois soldats français au pied de la citadelle, pour s'être rendus coupables de vol dans des maisons particulières.

Le général ne cesse de s'inquiéter du confort et de la satisfaction des habitants. Il veut créer une capitale modèle à l'instar des cités de l'Europe.

« Il ne dépendait pas de l'armée que le Caire ne devînt un petit Paris. Au bout de trois mois on voyait déjà clouées aux portes de quelques maisons des enseignes à la française. Ici c'était un café, là un restaurant; l'intérieur de ces établissements était décoré avec tout le luxe que comportait le pays. Le billard lui-même venait de se naturaliser égyptien. C'était un plaisir de voir ces graves musulmans quand parfois leurs relations avec nos officiers les menaient comme témoins à ces parties. Jaloux de leur dignité, ils ne la compromettaient pas par des démonstrations extérieures, mais il y avait dans leurs yeux cloués sur ces billes roulantes quelque chose de plus significatif que des paroles [1]. »

L'éclairage des rues est une des plus cons-

---

1. *Histoire scientifique et militaire de l'expédition française en Égypte*, d'après des documents inédits.

tantes préoccupations du général en chef. Ici encore, le bon Djarbati nous donne de savoureux détails que je me reprocherais de ne pas citer :

« Dans ce temps-là, les surveillants de police, qui étaient des indigènes, se montraient très sévères envers les habitants de la ville pour les lanternes qu'ils devaient allumer dans les rues. S'ils passaient dans une rue où par hasard une lanterne s'était éteinte, soit à cause du vent, soit à cause du manque d'huile, ils clouaient la porte de la boutique ou de la maison devant laquelle se trouvait cette lanterne. Le lendemain, ils ne permettaient d'ouvrir la boutique ou la maison que moyennant des sommes d'argent qu'ils percevaient. Souvent, ils cassaient les lanternes éteintes. Un soir les lanternes qui éclairaient la rue Émyr-el-Syouh étaient toutes éteintes. Il avait plu et les lanternes étaient de papier. Toutes les boutiques qui bordaient la rue furent clouées jusqu'au lendemain, et leurs propriétaires ne purent les rouvrir qu'après avoir payé l'amende. Depuis ce jour, les habitants de la ville ne s'occupaient plus que de leurs lanternes. Ils les entretenaient aussi soigneusement que possible. »

Ce fait amusa Bonaparte, qui résolut de porter remède à un état de choses aussi ridicule. Il enjoignit aux riches de faire élever devant leurs boutiques ou leurs demeures quatre lanternes de verre : ainsi, ajoute Djabarti, « les pauvres furent très contents, car ils étaient éclairés et ne payaient plus rien du tout ».

Les émirs, ignorant volontairement les besoins de la nation, méprisant de toute leur superbe les aspirations du peuple opprimé, ne connaissaient que leur bon plaisir. C'était le temps abhorré dont les vieillards des premières années de ce siècle gardaient encore un si épouvantable souvenir.

Exemple : Les émirs faisaient démolir les maisons voisines quand elles les gênaient pour agrandir leurs propres demeures. Le propriétaire exproprié n'était pas même indemnisé, ou, s'il l'était, l'argent qu'il touchait ne couvrait pas seulement les frais qu'il avait dû faire pour sa nouvelle installation.

A la moindre alerte, les envoyés des émirs se présentaient chez les habitants soupçonnés d'avoir quelque bien ; ces envoyés étaient accompagnés d'une manière de juge et du bourreau. On procédait à un semblant d'interrogatoire, le juge déclarait l'homme coupable, et le bourreau faisait son office. Il n'était pas rare de le voir rapporter un sac plein de têtes à la maison de l'émir, à la fin de la soirée. Naturellement, les biens du soi-disant criminel étaient confisqués.

Ismaïl-bey-el-Séguir avait les chrétiens en aversion. Il leur défendait de sortir de leurs quartiers et de se servir de montures. Les femmes devaient porter des voiles blancs et rester dans leur maison.

Un autre émir de la même époque, Aly Aga, fut surnommé « le père du crochet », à cause de l'arme qu'il avait inventée. Cette arme consistait en une dague courte et épaisse, dont l'une des extrémités, à peu près de la grosseur du poignet, était armée de crochets et d'énormes clous plantés tout autour. Il suffisait de donner avec cette arme un seul coup sur la tête d'un cavalier pour que les clous lui demeurassent plantés dans la tête.

En 1786, treize ans avant l'arrivée des Français, un édit prescrivait aux chrétiens de reprendre le costume des premiers siècles et de porter la ceinture de fer des cénobites. Il leur était défendu de prendre les noms des prophètes; ceux qui les portaient déjà durent en changer.

Il leur était interdit, sous les formes les plus sévères, de se faire servir par des domestiques musulmans ou de posséder des esclaves.

Les femmes musulmanes ne furent pas traitées moins sévèrement. Elles durent renoncer à leur coiffure appelée *ezzazia*, couvrir entièrement leurs cheveux, même dans l'intérieur du harem, renoncer à se promener, à monter sur des mules ou en bateau... Enfin, une dernière loi leur défendit, comme aux chrétiennes, de sortir de leurs maisons sous peine d'êtres pendues.

Si un émir entendait vanter les beautés d'une esclave, il s'empressait de faire porter quelque accusation mensongère sur le maître de cette esclave et de faire vendre ses biens aux enchères, y compris les femmes de son harem. De cette façon, l'émir achetait l'esclave dont le charme le tentait.

Si un marchand égyptien était soupçonné d'avoir fait faux poids à un Turc, il était aussitôt appréhendé par le bourreau, qui lui perçait le nez et les oreilles et suspendait à la plaie le poids manquant en marchandises. Il n'était pas rare de voir tel boucher devant sa boutique, portant sur sa face tuméfiée un morceau de viande, fixé par une ficelle au lambeau de sa propre chair.

Même procédé pour les boulangers coupables d'avoir fraudé sur la qualité de la farine; quelquefois les coupables étaient suspendus par le nez ou par une oreille au-dessus de l'auvent de leurs boutiques. Quand la chair déchirée devenait impuissante à retenir le corps de l'homme, on recommençait à une autre place ou on l'étranglait tout simplement. Un Ottoman, nommé Adjar, étant renommé pour son courage et son audace, eut la malencontreuse idée de tomber sur les émirs et fut fait prisonnier par eux.

Quand tous ses compagnons eurent été exterminés, on l'amena devant Elfy, celui-là même dont Bonaparte devait occuper la maison. Elfy lui demanda pourquoi on lui donnait ce nom d'Adjar, inconnu à l'Égypte. Le prisonnier répondit qu'il avait mérité ce nom, qui signifiait un gigantesque reptile disparu, « mais, ajouta-t-il, le reptile, le monstre, est maintenant ton esclave. »

« Fort bien, reprit l'émir, mais il faut d'abord priver le reptile de ses dards, » et, appelant le bourreau, il fit procéder devant lui à l'extraction de toutes les dents du malheureux, et tout de suite après il l'étrangla.

A chaque expédition on réquisitionnait les bourriquiers et on les obligeait à céder leurs bêtes pour des sommes dérisoires.

Un âne estimé et payé sans doute deux cents francs était acheté trente. Les malheureux âniers, rendus furieux par une telle spoliation, résolurent de cacher leurs ânes. Mais les soldats eurent soupçon de la chose. Ils faisaient le tour des rues le soir, et, arrivés aux portes où ils supposaient que devaient se trouver des écuries, ils se mettaient à braire. Les ânes aussitôt répondaient. On enfonçait la porte, on s'emparait des animaux et de leurs propriétaires. Et si ceux-ci faisaient mine de se plaindre ils étaient bâtonnés ou mis à mort.

Quand les soldats turcs arrivaient dans une ville, ils se faisaient héberger dans les maisons, quand on ne chassait pas les propriétaires pour la leur donner.

Ils détruisaient et brisaient tout, laissaient ces demeures dans un tel état qu'elles devenaient inhabitables. Dans les boutiques, ils prenaient les objets à leur convenance et le plus souvent partaient sans payer en rossant le marchand qui se taisait, craignant le pire.

S'ils rencontraient un homme sur un mulet, ils le faisaient descendre et allaient vendre la monture.

Grâce à la surveillance de Bonaparte, il en alla tout autrement des soldats français.

Ici encore, il me faut citer Djabarti, que l'on ne peut accuser d'impartialité, ses préférences étant naturellement toutes du côté indigène.

« Les soldats français se promenaient dans les rues du Caire et n'inquiétaient personne *(sic)*. Ils plaisantaient avec le peuple et achetaient, à des prix très élevés, tout ce dont ils avaient besoin. Ainsi, ils payaient une poule un talari (5 francs), un œuf quatorze paras (un peu plus d'un sou), c'est-à-dire ce que ces choses coûtaient dans leur pays. Cela encouragea le peuple à leur vendre toutes sortes de provisions, des petits pains, du savon, du tabac, tout cela à des prix excessifs. De sorte que les boutiques et les cafés se rouvraient peu à peu. »

Et plus loin : « Les soldats français entraient peu dans la ville; au bout de quelques jours, cependant, les rues en étaient encombrées, *mais ils ne dérangeaient personne.* Beaucoup de marchands avaient installé leurs boutiques près des casernes, les Grecs montèrent aussi des magasins et des cafés. »

Je tiens à citer aussi ce passage, montrant, sous une phase nouvelle, l'attitude de cette armée, que l'on a souvent accusée de malversations et de cruauté envers les populations indigènes :

« Les Français souhaitèrent éliminer tous les mameluks des services publics, mais les cheiks leur représentèrent que le bas peuple ne craignait *que les Turcs, qui seuls pouvaient le gouverner.* Alors, on nomma Mohammed Aga-el-Moüsslemani gouverneur, Aly Aga Charawany chef de la police, Hassan Aga Moharrem trésorier.

« Ces personnages furent recommandés par les chefs, parce qu'ils descendaient de famille très ancienne et jouissaient d'une réputation de grande justice.

« Zulfikar Katkoda Mohammed fut nommé lieutenant de Bonaparte. »

On a vu d'autre part de quelle façon les Turcs d'alors entendaient l'autorité et comprenaient la loi. Pour que seule leur compétence fût reconnue nécessaire, il semblerait que la mansuétude et la douceur n'eussent pas grand cours en Égypte à cette époque. Et pour cela, sans doute, ceux qui raisonnaient sans parti pris acceptèrent avec joie le joug si facile des nouveaux venus.

Parmi les lieutenants de Bonaparte, Poussielgue mérite d'être cité l'un des premiers. Au début de l'expédition, déjà il avait témoigné de si rares qualités d'organisateur que Bonaparte ne craignit point de lui confier l'administration générale de sa nouvelle conquête. Il semblait se multiplier pour suffire à tous les détails d'une organisation à peine ébauchée, portant son esprit d'analyse, sa finesse d'aperçus dans les choses civiles et financières; il éclairait toutes les questions et les résumait avec un talent lumineux, dans sa correspondance avec le général en chef. Froid et réservé, il avait, par son aspect grave et ses manières dignes, acquis sur les cheiks de la ville une grande influence d'autorité.

Cette influence, nous savons que Poussielgue l'avait gagnée surtout par la façon dont il entendait les rapports avec les chefs de la nation conquise. Ayant appris la langue du pays avec une surprenante rapidité, loin de mépriser les indigènes qui l'entouraient, lui, le *vizir* (on ne lui donnait pas d'autre nom au Caire), il semblait au contraire vouloir descendre un peu plus, chaque jour, au fond de ces âmes inconnues. Il s'intéressait à leurs usages, questionnait les cheiks sur le fonctionnement de leurs lois, se plaisait à partager leur société, acceptant toutes les invitations qui lui étaient offertes. Là, assis comme eux sur des nattes, fumant ou dégustant les fines tasses de moka, il écoutait ou interrogeait, ouvrant tout grands ses yeux curieux sur le monde étrange qui se découvrait à lui dans sa plus absolue vérité.

Bientôt on le considéra comme une puissance, et on ne tarda pas à le prendre pour arbitre.

Une singulière histoire lui permit de montrer l'étendue de sa justice. Un jeune mameluk d'une beauté toute féminine, jadis attaché à la maison de Mourad et demeuré sans maître à l'arrivée des Français, avait inconsciemment allumé une rivalité honteuse entre le fameux cheik El-Beckry et l'aga. Les partisans de ces deux compétiteurs avaient déjà pris les armes en faveur de leur préféré. Des rixes continuelles s'ensuivaient. Les soldats français, follement amusés par cette histoire, avaient surnommé le mameluk « la belle Hélène ». Poussielgue, consulté, accorda l'adolescent en échange de quelques terres, que dut recevoir l'aga, Poussielgue ayant appris que le cheik avait le premier demandé l'esclave à son ancien propriétaire.

La sentence fut trouvée juste.

Dans sa correspondance avec Bonaparte Poussielgue raconte ses nombreuses visites au cheik El-Sadat, auquel il dépeignait nos coutumes européennes, et, en le quittant, Poussielgue le menaçait en riant de faire de lui un philosophe français.

Malgré toute la bonne volonté de Bonaparte et de ses officiers, il fallut lever d'importantes taxes. Souvent le peuple en souffrit.

« La caisse de l'armée parlait plus haut que les contribuables. Il fallait de l'argent à tout prix, et, pour s'en procurer, les moyens les plus expéditifs étaient les meilleurs. Afin de dépister mieux encore les talaris qu'on enfouissait, on avait organisé une meute d'agents coptes, astucieuse, ardente à la curée, servant à la fois pour la perception et l'espionnage. C'étaient eux qui, forgeant les conspirations, créaient des motifs pour confisquer et saisir. Si le bon sens des administrateurs français n'avait mis un frein à leur zèle, il ne serait pas resté un seul homme opulent qui ne fût agent des mameluks [1]. »

Bientôt, d'ailleurs, ils purent se rendre compte que, loin de les presser malgré les fortes sommes réquisitionnées par le divan, le régime de Bonaparte concourait à arranger leurs affaires. Les vivres diminuaient de prix, le commerce, où les intérêts de chacun étaient ménagés, devenait singulièrement plus facile. Les mameluks repoussés hors des villes, le peuple commençait à respirer. Une allégresse flotta sur le Caire. La nature essentiellement versatile et bon enfant du peuple égyptien acceptait avec tranquillité les changements que Bonaparte imposait à ses coutumes. La religion était respectée, la vie facile ; chaque jour une amélioration nouvelle se montrait. L'habitant, qui le plus souvent en profitait, ne se trouvait point malheureux.

D'ailleurs, une grande intimité s'établissait entre les soldats et le peuple. Tandis que les An-

---

1. *Histoire scientifique et militaire de l'expédition française en Égypte*, d'après des documents inédits.

glais, après trente ans d'occupation, sont aussi éloignés des indigènes, aussi ignorants de leur langue et de leur vie intime que le premier jour, les Français, en trois ans, étaient parvenus à supprimer les distances. Tous les soldats bredouillaient l'arabe, quantité d'Arabes commençaient à connaître le français. Le peuple aimait ces grands enfants pas fiers, qui s'intéressaient à toutes les choses composant sa vie, riaient avec lui et ne dédaignaient pas de partager leurs biscuits et leurs pastèques avec les bourriquiers qui les accompagnaient dans leurs innocentes et peu coûteuses parties de plaisir.

Les soldats affectionnaient particulièrement la désuète bourricade, qui ravit encore de nos jours un grand nombre de touristes. Djabarti assure que quelques soldats restaient toute la journée à dos de baudet. Et il ajoute : « Les âniers s'associaient à leur joie et riaient avec eux. Les Français dépensaient beaucoup, pour ces courses, en vin et en fruits. Cependant les soldats ne buvaient que pour être gais, et, si quelqu'un d'entre eux buvait outre mesure, il ne quittait pas sa maison, et s'il commettait des désordres il était puni. »

Les Anglais étaient maîtres de la mer. Beaucoup de négociants, dont les fournitures cessaient d'être alimentées, se mirent à vendre des gâteaux, des poissons, d'autres produits... Beaucoup réalisèrent une petite fortune.

Bonaparte, cependant, menait une existence assez calme. Les plaisirs enfantins de ses hommes n'avaient pour lui aucun attrait. De trop bonne heure il avait connu la lutte; même, plus tard, parvenu aux plus hauts sommets qu'une créature puisse rêver atteindre, il garda cette âme altière, ce caractère un peu sombre, mélange de timidité et d'apparente froideur, que lui avaient faits les premières années de sa vie. Il se souvenait des luttes si âpres, des soucis quotidiens de sa précoce adolescence. Toute la gloire et la richesse futures ne parvinrent pas à les effacer de son jeune front, qui pour toujours en garda le pli.

On sait que Bonaparte avait formé le projet de prendre du service en Turquie. Possédant mieux qu'aucun autre le sentiment de sa valeur, il craignait de ne pouvoir trouver à dépenser à Paris toute la force qui était en lui.

Tous ceux qui à ce moment l'approchèrent purent constater que son caractère s'aigrissait et que de graves préoccupations l'agitaient.

Il adressa à Aubert et Comi au ministère de la Guerre une demande restée sans réponse.

S'il fût parti alors, que serait-il advenu de lui et de son incroyable destinée?... Il resta. Cet

Orient, où il souhaitait se rendre comme officier de fortune, devait le recevoir en vainqueur. Et c'est maintenant lui qui dictait ses lois aux sujets du grand seigneur au lieu d'en recevoir de leur chef.

Nous savons par Bourrienne que Bonaparte, en Égypte, trouvait le temps assez long, bien qu'il s'occupât de tout. Quand les journées n'étaient pas trop chaudes, le général montait à cheval, laissant souvent le hasard décider du but de sa promenade; il s'absorbait en quelque rêve magnifique, souhaitant déjà, sans doute, les dangers d'une conquête nouvelle.

Alors comme aujourd'hui, par les matins blonds, l'Égypte étalait sa magnifique robe verte. Sur les bords du Nil, où le général aimait particulièrement à se diriger, vers ces chemins de Ghizeh peuplés d'ombrages, les arbres en fleurs dressaient leur frondaison multicolore. Houpes embaumées des grands lébacks, clochettes épanouies des catalpas, grappes des bougainvilles, bouquets splendides des marguerites arborescentes...

Partout le chèvrefeuille mettait ses guirlandes enivrantes, le jasmin jetait dans l'air le parfum sucré de ses petites étoiles d'un blanc si pur, éclatant dans la verdure des feuilles.

Le Nil majestueux roulait vers la Basse-Égypte,

apportant des montagnes arides du Saïd tout le charme de l'inconnu mystérieux.

Là-haut, sur le Mokatam, la citadelle se levait, dressant dans l'air limpide ses tours élancées, semblables à quelque divinité bizarre, collées au dôme de la mosquée forteresse. Vers la droite, la plaine lybique s'étendait à l'infini derrière les plaines de Bédrechine, près desquelles, cinquante ans plus tard, notre compatriote Mariette devait faire la magnifique découverte du Sérapéum.

Comme aujourd'hui, les nuages, sous la caresse chaude de l'aurore, se teintaient de rose vers les lointaines palmeraies, tandis que les monts sablonneux du Mokatam paraissaient d'un violet sombre.

La ville, dégagée, semblait une cité fabuleuse, étalant les degrés de ses terrasses de Bircket-el-Fyl à Roumelya, de Roumelya à l'aqueduc barrant le Nil. Dans l'embrasement du plein soleil, elle n'était plus qu'une splendide masse dans la lumière, un mélange de bastions, de forteresses et de blancheurs, faites de tous les dômes, de tous les minarets escaladant orgueilleusement le ciel. Et ce ciel si bleu invitait à la mollesse. Ces fleurs aux grisants aromes appelaient la volupté, comme l'air embrasé de messidor appelait la soif.

Mais Bonaparte ne voyait pas le ciel, ne respirait pas le parfum des fleurs, ne connaissait pas la soif...

Pensif, il suivait sa route, l'esprit très loin des choses présentes, rêvant de quelque glorieuse bataille ou peut-être simplement de l'épouse demeurée là-bas sur les rives de la Seine et que chaque heure à présent lui semblait reculer plus profondément encore de lui dans les vapeurs de l'indifférence.

— Bourrienne, sais-tu à quoi je pense? demande-t-il un jour à brûle-pourpoint.

Et l'autre de répondre :

— Ma foi! ce serait difficile, vous pensez à tant de choses...

Bonaparte réplique :

— Je ne sais si je reverrai la France, mais, si je la revois, ma seule ambition, c'est de faire une belle campagne en Allemagne, d'y gagner une grande bataille et de venger la France de la défaite d'Hochstædt... Après cela je me retire à la campagne et je vis tranquille...

Ainsi, toujours, chez ce perpétuel agité, revient le désir d'une fin calme, d'un repos qu'il croit avoir mérité déjà.

Nous le verrons pourtant mourir précisément de ce manque d'activité, de ce besoin de mouvement et d'autorité, auquel il semble d'avance vouloir renoncer.

Après les journées de Vendémiaire, il écrivait à ce même Bourrienne :

« Cherchez un petit bien dans la charmante vallée de l'Yonne. Je l'achèterai dès que j'aurai de l'argent. Je veux m'y retirer. »

Cette idée revient sans cesse à l'esprit du général. C'est ainsi qu'à l'heure même où les imprudentes révélations de Junot lui ont ouvert les yeux sur l'inconstance de Joséphine, sa première pensée est d'écrire à Joseph, le frère confident de ses ennuis :

« J'ai beaucoup de chagrins domestiques... ton amitié m'est bien chère, il ne me reste plus pour devenir misanthrope que la perdre et te voir me trahir. C'est une triste position d'avoir à la fois tous les sentiments pour une même personne dans un même cœur. »

Et tout de suite voilà la petite marotte qui revient :

« Fais en sorte que j'aie une petite campagne à mon arrivée, soit près de Paris, soit en Bourgogne. Je compte y passer l'hiver et m'y enfermer. Je suis ennuyé de la nature humaine. J'ai besoin de solitude et d'isolement. Les grandeurs m'ennuient, le sentiment est desséché. La gloire est fade à vingt-neuf ans. J'ai tout épuisé, il ne me reste plus qu'à devenir bien vraiment égoïste. Je compte garder la maison, jamais je ne la donnerai à qui que ce soit. »

En attendant « d'avoir sa maison » le général s'organise de son mieux dans le palais d'Elfy-bey.

Nous savons qu'il ne craignait guère la chaleur. Son valet de chambre, Constant, nous apprend dans ses mémoires que par les plus fortes canicules il faisait toujours allumer du feu dans son cabinet de toilette. Les journées brûlantes de l'été égyptien ne sont pas pour l'effrayer. Hébert, qui le suit durant l'expédition, note qu'il n'a changé aucune de ses habitudes. La plus importante, qu'il a contractée dès sa sortie de l'école de Brienne, c'est le lever matinal. Avant le jour, le général est toujours debout. Il se couche de bonne heure, et très peu de sommeil lui suffit. Il n'admet pas non plus la veille pour les officiers placés sous ses ordres. Il déclare que la nuit est faite pour dormir. Dès son lever, il s'entretient sans aucune morgue avec son valet de chambre, qui lui raconte à sa manière les petits cancans de l'armée, les histoires de la ville. Le général aime se renseigner sur les petites choses. Il veut savoir aussi ce que l'on pense de lui dans l'armée et dans le pays.

Après la promenade ou le déjeuner, Bonaparte se fait faire la lecture.

La sobriété de Bonaparte est demeurée légendaire. Le général avait conservé de la terre natale le goût des nourritures peu compliquées. Son grand régal consistait en un plat de haricots secs (fagioli) cuits à l'eau, réduits ensuite avec du lard, un peu de tomates, et arrosés d'huile d'olive. Il aimait les œufs au miroir et les pommes de terre. Les piments verts, les tomates, les olives avaient toutes ses préférences. Les plaisirs de la table ne comptèrent jamais beaucoup dans l'existence de Bonaparte. Il appréciait le faste des nombreux services, la succulence des mets et la variété des menus bien plus pour en faire parade aux yeux de ceux qu'il traitait que pour son agrément personnel. Il était magnifique et généreux, mais le moindre de ses officiers se montrait beaucoup plus gourmand que lui.

Au Caire, durant les nombreux repas de cérémonie qui lui furent offerts par les notables de la ville, il mit tous ses efforts à ne pas montrer combien lui coûtaient ces sortes de corvées. L'ennui de la longueur du dîner n'avait pour lui d'égal que le dégoût que lui procurait la mauvaise qualité de la cuisine.

Cependant, il se tenait correctement accroupi à la mode du pays, s'appliquait à manger avec ses doigts pour ne point blesser les hôtes, qui s'étonnaient de son manque d'appétit. Clot-bey[1], le médecin français dont le nom est demeuré si populaire en Égypte, raconte l'impression profonde qu'il ressentit lors de son premier voyage à Suez en 1834, trente-six ans après Bonaparte.

« Je logeai dans la maison où Napoléon se reposa. Rien n'y est changé, pas même la couche où il a dormi. Je ne voulus pas avoir d'autre lit. Mon hôte était le même qui avait reçu le grand capitaine. Ce vénérable vieillard semblait rajeunir en racontant ce qu'il avait vu, ce qu'il avait appris du sultan français. « *Abou-*
« *naparte,* disait-il, n'était pas l'ennemi des mu-
« sulmans, car, s'il l'avait voulu, *il pouvait avec la*
« *pointe d'une aiguille renverser toutes les mosquées.*
« Il ne l'a pas fait. Que son nom soit toujours
« grand parmi les hommes ! » Puis il ajoutait en finissant : « On nous assure qu'à l'heure de sa
« mort, là-bas sur un rocher de la vaste mer où
« douze rois des pays chrétiens étaient parvenus
« à l'enchaîner après l'avoir endormi au moyen
« d'un breuvage, les guerriers qui l'entouraient

---

1. Clot-bey, *Aperçu général sur l'Égypte,* t. II.

« ont vu son âme se poser sur le fil de son sabre.
« Qu'il repose en paix[1] ! »

Il nous a paru curieux de faire connaître aux lecteurs l'opinion de ce bon cheik contemporain de celui qu'ils appellent encore là-bas « Sultan Kébir » (le grand sultan).

Quand fut décidé le départ de Bonaparte pour Suez, encore qu'on fût à une veille de fête (24 décembre), sans seulement s'inquiéter de la longueur du trajet et des ressources probables de la route, Bonaparte fit partir ses hommes avec deux pains enfilés à leurs baïonnettes et une petite outre d'eau passée à leur cou, se contentant pour lui-même d'un seul gros pain et de trois poulets rôtis. Charrier des provisions, un train de cuisine, lui semblait superflu pour un si petit voyage.

On ne peut s'empêcher de comparer cette insouciance du général en chef à la prévoyance du diocète Chrysippe, ministre des Finances sous la domination romaine, vers le IIIe siècle de notre ère. Un manuscrit de l'époque relate les détails d'un voyage que ce magistrat fit dans les mêmes contrées pour le compte de l'empereur.

---

1. Cette croyance était à peu près générale dans le peuple il y a soixante ans.

Il emportait comme provision de bouche deux cents volailles, cinquante oies, cent pigeonneaux, sans compter les pains, les vases de vin et d'huile, les jarres de beurre et les fruits : cinq ânes de selle pour lui et quarante chameaux pour les bagages.

Si Bonaparte n'emporta pas de montures, il en ramena du moins, car Djabarti raconte que les soldats ayant réquisitionné un cheval ou un âne par moulin, dix moutons par village, les paysans, ne pouvant se séparer de leurs animaux, suivirent l'armée jusqu'à la ville du Caire. Et le tableau ne dut pas manquer d'originalité.

On se figure, en effet, le général en chef faisant son entrée dans la capitale de l'Égypte, escorté de ses soldats, eux-mêmes entourés de cette troupe de gens hurlant à qui mieux mieux, accompagné par le braiment sonore des ânes, le bêlement des agneaux, le meuglement des vaches, le hennissement des chevaux et l'aboiement féroce des chiens mâtinés de chacals.

Aux jours ordinaires, quand Bonaparte n'avait pas à entreprendre quelque expédition, il aimait à se faire faire la lecture par son secrétaire.

Son goût se porte de préférence sur les histoires militaires et les œuvres politiques. Il est resté pareil au jeune élève de l'école de Brienne, faisant ses délices de Plutarque et de Polybe.

Brienne nous dit que la vie de Cromwell le passionnait à tel point que, si par hasard il en commençait la lecture vers le soir, la nuit s'achevait souvent sans qu'elle fût interrompue.

A.-V. Arnaud raconte en ses mémoires qu'il avait été chargé par le général en chef de composer la bibliothèque au moment de l'expédition. Pendant la traversée, Bonaparte sortait de sa chambre et venait jeter un coup d'œil sur ce qui se passait dans le salon où les officiers étaient réunis. Un jour qu'il arrivait ainsi à l'improviste, la fantaisie lui prit de savoir ce que chacun lisait.

— Que tenez-vous là, Bessière ?
— Un roman.
— Et toi, Eugène ?
— Un roman.
— Lectures de femmes de chambre ! dit le général.

Et il ordonna à Arnaud de ne plus leur prêter que des livres d'histoire, ajoutant : « Des hommes ne doivent pas lire autre chose. »

Les poètes ne lui plaisaient guère. Seul, le barde Ossian avait gardé pour lui un charme dont il ne se cachait point. Tous les autres vers exerçaient sur son cerveau un pouvoir essentiellement soporifique.

Bonaparte, en Égypte comme à Paris, écrivait rarement lui-même, et seulement quand il était seul. Au Caire, c'était généralement Bourrienne, quelquefois Eugène de Beauharnais, qui écrivaient sous la dictée rapide du général.

Il avait coutume de dicter de façon assez rapide et toujours en arpentant la chambre, les mains derrière le dos.

L'historien Marcel, qui avait suivi l'expédition et demeura longtemps en Égypte comme directeur de l'Imprimerie française, nous dit, dans l'histoire de Mohammed-Aly, que ce prince, ayant entendu raconter aux officiers français appelés par lui pour l'organisation de l'armée que Bonaparte aimait à se promener dans les pièces où il dictait ses ordres à ses secrétaires, avait imité ce geste. « Lui aussi avait si bien pris l'habitude de marcher de long en large et les mains derrière le dos, qu'il ne pouvait plus demeurer assis, chose bien rare chez un souverain oriental [1]. »

A propos de Marcel, il convient de citer un fait assez ignoré où se retrouvent, à un degré élevé, cet amour de la science et ce mépris complet des dangers personnels qui caractérisaient les hommes de cette époque.

Savants et soldats luttèrent de bravoure en

---

1. Marcel, *L'Égypte française*.

certaines circonstances et affrontèrent la mort du même regard tranquillement audacieux.

C'était l'heure terrible de la révolte du Caire. Dupuy, commandant de la place, accouru des premiers aux quartiers où grondait l'émeute, venait de tomber au milieu de ses camarades, victime de son devoir. Toutes les rues avoisinant la citadelle et la mosquée d'El-Ahzar étaient en flammes. Le canon tonnait sans relâche et chaque boulet venait percer une brèche nouvelle dans les murs de cette mosquée, refuge d'une populace en délire, poussée au dernier paroxysme de la fureur. Denon assure que « si la populace, quelques grands et tous les dévots se montrèrent fanatiques ce jour-là, lors de la révolte du Caire, celle où dans tous les pays résident la raison et les vertus, la classe moyenne fut parfaitement humaine et généreuse ».

Tout à coup, les officiers français eurent un cri de surprise. D'une maison assez éloignée où ils surveillaient le feu, armés de leurs lunettes d'approche, ils venaient d'apercevoir une sorte de fantôme, se glissant parmi les assiégés, les mains pieusement serrées sur sa houppelande noire de fumée et de poudre, dont un gonflement inusité faisait une sorte de ballon. Les Arabes, pétrifiés d'horreur par l'immensité de leur détresse, ne le voyaient même pas.

— Je parie que c'est M. Marcel! s'écria un des officiers.

C'était lui... Il avait eu l'intuition que personne ne se soucierait de sauver ou de défendre les manuscrits précieux que renfermait la mosquée, livrée à toutes les abominations de la guerre.

Il était venu seulement vêtu de sa robe de chambre et de son manteau, en pantoufles. Il s'était glissé dans la foule hostile, était parvenu à s'emparer d'un véritable trésor, qu'il rapporta modestement au quartier général, où son arrivée, dans ce costume et sous cette charge pesante, ne manqua pas de faire sensation. Il eut d'ailleurs la bonne fortune de rapporter intact un magnifique Coran du XIIIe siècle, entièrement écrit sur parchemin et orné d'enluminures d'une inestimable valeur.

De tels exemples ne sont pas rares parmi de tels hommes, et, si les soldats furent assez heureux pour conquérir une partie du précieux butin qui forma le noyau du musée égyptien du Louvre, combien de savants, dont ce n'était pourtant pas le métier, risquèrent simplement leur vie pour la conquête d'un papyrus ou d'une stèle fièrement ramenés en France.

Parmi les indigènes plus précisément appelés à faire partie de l'entourage de Bonaparte, il faut citer le cheik El-Beckry et le cheik El-Mahdy.

Le cheik El-Beckry passait pour un des véritables descendants de la famille du prophète, seule noblesse reconnue dans l'Islam, et dont les membres gardent le privilège d'arborer le turban vert qui les distingue de la multitude.

Il jouissait au Caire de l'estime générale et exerçait une très grande influence sur le peuple.

Cet homme, qu'une certaine expérience de la vie rendait clairvoyant, avait-il mesuré l'inutilité des haines religieuses? Nourrissait-il vraiment à l'égard des Français la sympathie dont il fit montre à l'encontre des nouveaux venus, ou, dans la finesse de sa politique orientale, avait-il deviné que le parti le plus sage pour un homme tel que lui était de se soumettre et d'aider de tout son pouvoir à l'établissement des nouvelles lois?... Qui pourra le dire?... En tout cas, le double jeu qu'il tenta par la suite ne réussit pas à le soustraire à la vengeance de ses ennemis. Nous le verrons un jour, après le départ de Bonaparte, accusé par la nation d'entretenir des relations avec les Français et de leur procurer des vivres. Arrêté de ce fait, conduit à Djemélia pieds et poings liés comme un vulgaire malfaiteur, abreuvé d'injures, battu de verges, il sera traîné dans la plus infecte prison.

Son ami, Osman Katkoda, riche notable, versa pour lui une forte caution, et, après avoir pansé ses plaies et séché ses larmes, il le confia à Sidi-Ahmed-Mahmoud Moharem, négociant respecté, qui prit soin de lui. Pendant ce temps sa maison de l'Esbékieh, où si souvent le général était venu lui rendre visite, était livrée au pillage et aux flammes. Il n'en resta que les cendres.

Cette maison s'élevait sur l'emplacement où se trouvent actuellement les bureaux du Nord Deutscher Lloyd.

Les festins du cheik El-Beckry étaient renommés. Bonaparte ne dédaignait pas d'y prendre part en compagnie de ses officiers. Là se retrouvaient le faste et la prodigalité orientale si souvent vantés. On servait aux officiers, assis à croupeton autour de l'immense plateau, des moutons entiers couronnés de roses, des poissons énormes nageant en des sauces de couleur bizarre, des tourtes larges comme des bastions, des pigeons farcis aux pistaches, des feuilles de vigne au riz, et cette fameuse courrette potagère (corchorius olitorius), *mélokieh*[1], mets favori du peuple égyptien, dont les soldats ne parvenaient

---

1. La mélokieh, qui a l'apparence de l'épinard, file comme du blanc d'œuf sitôt cuite.

pas à se dépêtrer, dans l'ignorance où ils se trouvaient de la façon de l'ingurgiter convenablement. Tout cela arrosé d'eau fraîche et accompagné du moka traditionnel.

Au départ, le cheik et ses amis avaient soin de remplir abondamment les blagues des officiers de ce tabac blond si apprécié dont ils n'étaient point avares, et qui faisait trouver moins longues aux hommes de notre armée les calmes soirées de l'exil. Quelquefois, pour charmer ses hôtes, le cheik, auquel ses hautes fonctions interdisaient les *gavvazzi* (danseuses) et les almées, faisait venir pour eux les Psylles et des montreurs de singes ou de caméléons.

Les Psylles furent placés, dès la plus haute antiquité, parmi les curiosités de l'Égypte. Hérodote raconte qu'ils occupaient autrefois une contrée de la Lybie, voisine de la tribu des Nasamons. Un jour, ils partirent pour aller combattre « le vent du Midi » qui faisait rage sous leurs tentes. On ne les revit plus jamais, et les Nasamons déclarèrent qu'ils avaient été emportés dans un tourbillon de sable. Quelques-uns pourtant avaient pu gagner l'Égypte, où ils firent souche.

Les Psylles apportaient au pays des Pharaons leurs sortilèges étranges. Ils connaissaient la manière de capturer et d'apprivoiser les serpents. Il n'en fallait pas davantage.

En ce pays où les cobras, les aspics, les vipères étaient légion, en un temps où tout remède contre la morsure des reptiles demeurait inefficace, les hommes du grand désert capables de charmer les serpents furent accueillis comme des sauveurs.

Les ans passèrent. Les dynasties se succédèrent sur la vieille terre, semant les villes nouvelles, de l'Égypte du nord à l'Heptamonide, de l'Heptamonide au Saïd. L'empire des Psylles ne s'effaça pas plus devant la domination grecque que devant le gouvernement des patriarches ou la conquête des Turcs. Le touriste du xxe siècle peut contempler encore leurs passes savantes, écouter leur énervante mélopée, du même air surpris que durent avoir, devant les Psylles de leur temps, les soldats de César ou les officiers de Bonaparte.

Avec les Psylles, il fallait admirer les montreurs de singes et leur troupe.

Après les cynocéphales, dont les bas-reliefs gardent encore de si admirables portraits sur les monuments de l'ancienne Égypte, les bateleurs amenèrent sur les bords du Nil de vulgaires chimpanzés et de simples ouistitis.

Ceux-ci, vêtus de costumes magnifiques,

furent de toutes les fêtes, pénétrèrent dans chaque maison. Les odalisques, captives derrière leurs fenêtres à canevas, se réjouirent de leurs gambades; les doctes professeurs, les marchands s'attachèrent un ou plusieurs macaques, à seule fin de se divertir.

Innombrables sont en terre d'Egypte les contes populaires ayant un singe pour héros. Un des plus drôles est évidemment celui-ci, datant de l'époque des khalifes :

Un homme avait un singe, qu'il affectionnait tout particulièrement. Comme cet homme ne possédait aucune richesse, sa maison était pauvre et il devait se passer de serviteurs.

Pour gagner sa maigre vie, il partait au petit jour vers les marchés populeux de la ville et vendait les rares légumes de son petit jardin. Le singe, préposé à la garde du logis, demeurait tout le jour à la porte de la hutte, assis sur son derrière, comme un génie familier.

Or, un jour de fête, l'homme, ayant fait une recette plus copieuse que d'habitude, songea à se régaler d'un peu de viande d'agneau, mets recherché de tout Égyptien.

Il alla donc acheter la viande et la mit cuire dans la *ralla* (chaudron) sur le feu. Puis il ordonna au singe de surveiller le repas et de ne laisser entrer aucun voleur. Pour plus de sûreté, il le fit coucher au travers de la porte. Le singe, pénétré de l'importance de ses nouvelles fonctions, lutta d'abord courageusement contre le sommeil qui peu à peu l'envahissait. Mais, comme le soleil devenait plus chaud, les forces du singe l'abandonnèrent. Il s'endormit. Il fut réveillé par une sorte de cri bien connu.

Un milan énorme passait sur sa tête, emportait la viande que le maître lui avait confiée.

Le pauvre animal demeura perplexe; puis une idée, qu'il jugea lumineuse, traversa sa cervelle de macaque.

S'étant approché de la pierre du foyer, il connut que le feu était mort et le *ralla* complètement refroidi.

Alors, sans crainte, il s'installa dans la marmite, de façon à ce que, seules, les parties pelées de son individu fissent saillie hors du récipient. « De cette façon, jugeait-il, les milans, qui ne vont pas manquer de revenir, prendront cela pour du mouton et je vengerai mon maître. »

Le procédé réussit parfaitement. Le milan, attiré par un premier succès, revint fondre sur le chaudron, et, quand il fut tout près, le singe bondit et lui tordit le cou. Ensuite il prit l'oiseau mort et le mit à sa place dans la marmite.

Quand le maître arriva, vers la sixième heure,

il ne fut pas peu surpris de trouver un milan avec ses plumes au lieu de la belle épaule d'agneau qu'il avait mise sur le feu. Il se tourna fort irrité vers le singe.

— Mauvais gardien! s'écria-t-il, qu'as-tu fait en mon absence?...

Mais celui-ci lestement sauta sur l'oiseau, le jeta hors de la marmite, se remit lui-même en posture dans la *ralla*, fit le geste d'étrangler le voleur et expliqua si bien, par sa mimique divertissante, toute l'affaire, que l'homme oublia de se fâcher, tant il avait envie de rire. Il alla dans son jardin dîner de quelques radis et d'un peu de pain de maïs, dont le singe, malgré sa faute, eut la bonne part.

Ce conte et bien d'autres aussi drôles amusèrent les soldats de Bonaparte, comme depuis des siècles ils avaient amusé les soldats des sultans et des beys. Car l'âme du peuple est partout semblable, et toujours les humbles se plairont aux récits du merveilleux.

Après celle du cheik El-Beckry, les Français gagnèrent l'amitié du cheik El-Mahdy.

Celui-ci passait pour un homme sage, ne donnant qu'à bon escient son estime et sa confiance. Il attira à nos armées toutes les bonnes volontés des gens de raison, qui ne pouvaient croire qu'un homme aussi prévoyant pût se tromper. En le voyant adopter les idées du général Bonaparte, ils ne crurent pas devoir faire mieux que d'imiter sa politique en tous points.

Le cheik fut chargé par les Français de missions particulièrement délicates. Il s'en acquitta au mieux de leurs intérêts et de sa propre fortune.

Tous l'accompagnaient dans la rue quand il sortait, soit à pied, soit à cheval, et il y en avait qui le précédaient en dégageant les chemins. De tels honneurs, réservés d'habitude aux émirs, valaient bien quelques légers sacrifices. Le cheik El-Mahdy ne manqua pas de les faire.

Il en fut récompensé. Avant le départ des Français, il put acheter, avec leur aide, une magnifique demeure appartenant aux affranchis d'un émir et qui probablement ne lui coûta pas très cher.

Cette maison contenait un grand jardin, une salle dont les parquets et les murs étaient recouverts de mosaïques et de faïences. Cette salle prenait vue sur des pelouses, où se trouvaient les essences les plus variées et les plus rares.

Mais toute fortune a son revers. Le cheik, pour n'avoir pas su modérer son ambition et refréner ses vices, faillit perdre en un jour le fruit de toute une vie de sagesse et de labeur. Il eut sur le tard une vilaine affaire. Une certaine dame, nommée Sabraouia, veuve du cheik Fayoumi, avait offert son esclave à son mari, comme cela se pratiquait assez fréquemment à l'époque. La stérilité étant considérée comme la pire calamité, l'épouse, affligée de cette honte, préparait de ses mains le bonheur de son mari et, comme Rachel, faisait « enfanter sa rivale sur ses genoux ». De cette façon, elle gardait la direction du ménage, et, le plus souvent, les enfants issus de cette étrange union lui étaient confiés et considérés comme siens.

Or, il arriva que la femme du cheik Fayoumi, après avoir agi de la sorte, mourut sans héritiers — son époux l'avait précédée au tombeau. L'esclave restait donc seule. Le cheik El-Mahdy, fort de la respectabilité attachée à son nom, crut aussitôt bon de s'emparer des biens de la morte et maria son fils à l'esclave veuve, pour ne rien perdre de l'héritage.

Cette histoire fit grand bruit. Le cheik se défendit de son mieux, alléguant qu'il n'était point si avare que ses ennemis cherchaient à le faire croire, puisque, sobre pour lui-même jusqu'à la privation, il se contentait d'un fromage sec et d'un petit poisson, mais faisait rôtir trois moutons pour les moindres de ses invités. Il mourut un peu méprisé.

Bonaparte, au courant de tous les bruits que les ulemahs faisaient répandre sur sa personne, n'ignorait point qu'on le déclarait responsable de toutes les calamités qui devaient fondre sur le pays. Aussi le général en chef ordonna-t-il que les fêtes traditionnelles fussent célébrées comme de coutume, afin qu'on ne l'accusât pas de porter atteinte au culte de la nation.

La première qui se présentait était la fête du Nil.

On sait que, dès l'antiquité, l'Égypte sacrifiait au dieu Nil, maître de ses destinées, la plus belle vierge qui se pût trouver du Delta à Thèbes. C'est une faiblesse commune à tous les peuples de servir mieux que les autres les puissances qui mesurent directement l'abondance ou la disette de la nation. Le dieu personnifiant le fleuve sacré restait, malgré la douceur indubitable de la race et les efforts du christianisme, un dieu redoutable, qu'il importait de satisfaire et de servir sous peine des plus affreux châtiments. Il n'en était pas de plus grand pour le peuple égyptien que la sécheresse.

Quand le khalife Omar, lieutenant d'Amrou, s'empara de l'Égypte, il ne fut pas peu surpris d'apprendre des prêtres coptes que toute leur volonté demeurait impuissante contre l'obstination des riverains du Nil, ancrés dans leurs superstitions séculaires et persuadés que le fleuve ne coulerait plus si, l'époque venue, on ne lui offrait point son habituelle proie.

Omar déclara que l'Islam ne tolérait pas de semblables sacrifices, dignes seulement des païens. Il avait, pour imposer sa volonté, la force que donne les grandes victoires. Le peuple écrasé ne murmura pas. Cependant, afin de concilier la croyance antique et le dogme charitable qu'il croyait représenter, le khalife fit fabriquer une statue d'argile en forme de jeune fille, et, l'heure venue, cette statue, parée comme l'ordinaire victime des vêtements des fiancées, fut précipitée dans le fleuve au moment voulu.

Le miracle se produisit tout de même; les eaux, cette année-là, furent abondantes et l'abominable coutume abolie à jamais. Pour cela sans doute toutes les mères de l'Egypte durent bénir le khalife, car la loi voulait que la malheureuse épouse du Nil fût choisie parmi les plus belles sans distinction de race ni de caste.

Bonaparte se garda bien de supprimer une cérémonie qui constituait à présent la joie de tout un peuple accouru de chaque point de la ville et des villages.

Par ses ordres, des tribunes magnifiques se dressèrent au bord du fleuve. Il prit place dans la plus belle avec tout son état-major en grand uniforme, entouré des notables et des plus grands personnages de la capitale, revêtus de leurs habits de gala.

Des barques innombrables sillonnaient le fleuve.

Les musiques militaires prêtaient leur concours et alternaient avec les flûtes, les tambourins et les hautbois.

Mais la confiance ne s'établit pas encore.

Entre les Français et les indigènes le fossé demeure trop profond pour que l'annonce de la fête, si solennelle soit-elle, puisse suffire à le combler d'un seul coup.

Ici encore il faut avoir recours à l'historien arabe.

Il assiste à la cérémonie à son habitude, plus en philosophe qu'en curieux.

Il va nous donner ses impressions, d'autant plus intéressantes que nous pourrons comparer ce récit à ceux des deux années qui vont suivre, chaque fois que la fête du Nil reviendra.

« Le vendredi 5 du mois *Misra* (18 août) la crue du Nil était à la hauteur voulue. Le général en chef ordonna de faire la cérémonie habituelle, qui consiste à rompre la digue. On prépara des illuminations, des feux d'artifice, et l'on annonça au public qu'il pouvait comme à l'ordinaire prendre part à cette fête, mais il ne sortit cette nuit-là que les chrétiens syriens ou coptes, grecs et européens du pays avec leurs femmes.

« Ils se promenaient devant l'île de Rodah, dans des barques illuminées. Toutefois quelques flâneurs du peuple se rendirent aussi à la fête du lendemain. Le général avait invité à la cérémonie le lieutenant du pacha, le cadi, les membres du conseil et tous les hauts fonctionnaires. On tira le canon et l'on distribua beaucoup d'argent aux pauvres. Après quoi la digue fut coupée, l'eau coula dans le canal et tout le monde s'en retourna. »

Que nous voici loin de l'enthousiasme des compagnons de Bonaparte! je n'en veux citer qu'un exemple. C'est la relation d'un savant peu connu, livre devenu très rare : *Bonaparte au Caire, ou Mémoires sur l'expédition de ce général en Égypte, par un des savants embarqués sur la flotte française.*

Ce modeste anonyme était le chevalier Louis de Sans de Voissy. Voici en quels termes il commente la cérémonie :

« Le peuple fut dans la plus grande joie de voir les Français assister à cette fête, tant Bonaparte avait gagné son amitié et mérité sa reconnaissance. » Et plus loin : « Durant cette journée les habitants paraissaient dans l'ivresse ; on se félicitait, on se faisait des compliments et l'on entendait de tous côtés des cantiques d'actions de grâces. »

En réalité, le peuple égyptien, trop peu habitué à ses vainqueurs, n'éprouvait aucune envie de se réjouir. Il se rendait parfaitement compte que, si les musiciens étaient si nombreux à cette solennité de commande, ce serait lui qui paierait les violons.

Un an plus tard, le caractère versatile et bon enfant de la race a pris le dessus. Djabarti essaie vainement de nous faire partager son indignation et sa colère. On sent que lui-même n'est pas convaincu.

Après avoir dépeint les abominations dont il fut témoin en cette nuit détestable, raconté les équipées des chrétiens de toutes les nations montés sur des bateaux à rames et travestis en mameluks, accompagnés de femmes équivoques se livrant à la boisson et s'abandonnant à la plus folle gaîté, le cheik très scandalisé ajoute :

« La plume se refuse à dépeindre les scandales qui se produisirent cette nuit-là sur le Nil aussi bien que sur le rivage. Beaucoup de personnes appartenant à la lie du peuple suivirent cet exemple, et bientôt la débauche et l'effronterie n'eurent plus de bornes.

« Chacun faisait ce qui lui passait par la tête *(sic)*, à quelque classe qu'il appartînt, et personne ne songeait à réprimer ces abus. C'est bien le cas de citer le dicton connu : « Lorsque « le maître de la maison se met à battre le tam- « bour de basque, les habitants de cette maison « n'ont plus qu'à danser. »

Et c'est précisément ce qu'ils font. Ils dansent !... Et personne à présent ne songe à s'en plaindre.

La bonne gaîté communicative des officiers et des soldats a fait le miracle de supprimer la gêne des premiers mois. Maintenant Égyptiens, Français, musulmans et chrétiens s'amusent de compagnie.

Insensiblement, le temps, l'habitude ont fait leur œuvre. Les mariages mixtes, assez nombreux, sont en train de parachever l'entente.

Et c'est ce qui désespère le croyant fidèle, le musulman invulnérable que demeure Djabarti. Pour lui le mélange des sexes constitue l'abomination de la désolation. Ces Français, à coup sûr, préparent la fin du monde.

Cependant, la fête du Nil n'avait été que le prélude des autres. On célébrait un peu plus tard en grande pompe la fête du Prophète, sa naissance (Mouled-el-Nébi).

Cette fête a pour effet de changer les rues marchandes du Caire en une véritable foire nocturne durant la première soirée. Partout, les boutiquiers ont tendu des étoffes, des drapeaux, des fleurs. Des multiples lampions, suspendus à ces murs improvisés, forment, avec les guirlandes de lanternes traversant les rues d'un côté à l'autre, un éclairage aveuglant. Les marchands tiennent leurs assises devant leurs magasins, et les plus hauts personnages de la ville ne dédaignent point de venir boire avec eux le sirop de roses et la traditionnelle tasse de moka.

Mais l'attrait principal de la fête consiste dans l'exhibition et la vente de poupées de sucre richement habillées, que l'on s'offre de famille à famille en souvenir de ce jour.

Rien n'est plus joli que les processions organisées par les femmes à cette occasion. Des jeunes filles fellahas ouvrent la marche, un cierge fleuri à la main. Les matrones suivent en chantant les louanges du prophète, et, derrière, viennent les porteuses de poupées.

Des bonbons et des piastres sont généreusement distribués aux enfants pauvres sur le passage de la procession. Sur une immense plaine, des tentes magnifiques sont dressées pour recevoir les autorités, auxquelles il est d'usage d'aller présenter ses vœux à cette occasion.

Bonaparte ne voulut point enfreindre la coutume. Il eut sa tente, et la réception qu'il y donna demeura légendaire par le faste qui s'attache à son souvenir.

Pendant ce temps, les soldats couraient la ville et s'amusaient de toutes ces choses nouvelles qui ravissaient leurs yeux.

Pour la fête de l'ascension du prophète, le général prit le costume des mameluks et assista ainsi vêtu au grand repas que lui offrait le cheik El-Beckry [1].

Il y eut encore la fête du Bairam et celle du sacrifice. A toutes, Bonaparte marqua par sa présence le respect qu'il portait à la foi des Égyptiens. Il assista aux prières récitées dans les mosquées, alla dans son désir de bien faire jusqu'à imiter le *Zickre* (sorte de litanies que l'on récite en balançant la tête d'abord, puis tout le corps, jusqu'à épuisement des forces) des musulmans dévots. En quoi il eut tort, car l'Oriental, assez diplomate de sa nature, jugea fort bien que les gestes du général n'étaient point sincères. Mais il lui sut gré tout de même de répéter avec lui les formules consacrées et surtout de faire respecter les mosquées, ce qui

---

1. Les musulmans et bon nombre d'auteurs affirment ce fait, très catégoriquement démenti par Bonaparte lui-même dans ses mémoires.

n'était pas toujours facile, étant donné les idées révolutionnaires et le tempérament gouailleur des soldats.

La fête du tapis sacré, célébrée en grande pompe, demeura dans les mémoires comme une des plus imposantes que l'on ait pu voir.

Le vendredi, des hérauts annoncèrent au peuple le départ du précieux tapis pour la Mecque. Le samedi, le peuple envahit les rues, les places, les avenues, par où devait passer le cortège. Ce cortège était composé du wali, du mohlaseh, des différentes corporations, drapeaux en tête et leur musique. Barthélemy put, ce jour-là, faire étalage de magnificence. Il trônait, précédé de deux cents janissaires, musulmans, chrétiens et grecs. Djabarti déclara que « c'était un beau cortège à cause du nombre considérable d'hommes qui le composaient et des costumes de couleurs variées qu'ils portaient ».

On sait que le tapis[1] est destiné à couvrir le tombeau du prophète à la Mecque. Ce tapis est brodé par des ouvriers égyptiens et apporté en grande pompe aux lieux saints, chaque année, à l'époque du pèlerinage.

Le tapis de l'année précédente est rapporté

---

1. *Kisvoa.*

au Caire de la même façon. Son retour donne lieu aux mêmes cérémonies. Il est placé dans une des mosquées du Caire, où on le conserve. Des vertus miraculeuses sont attachées à son étoffe, que les fidèles n'approchent qu'avec les marques de la plus grande ferveur.

L'année où les Français conquirent l'Égypte, les ouvriers qui brodaient le tapis furent mandés dans la maison du notable Mustapha Katkoda, à Abdine, et ils exécutèrent leur travail dans cette maison, où le divan se réunit plusieurs fois.

Bonaparte avait pris cette mesure pour éviter des rassemblements et peut-être des complots religieux à la citadelle, où on confectionnait d'ordinaire le fameux tapis. La citadelle et le quartier Roumelya, qui l'entoure, étaient le centre de toutes les réunions indigènes.

La promenade du tapis intriguait si fort nos compatriotes que trois Français, restés en Égypte après le départ de Bonaparte, voulurent pousser jusqu'à la Mecque, malgré la défense de leur consul. Ils se crurent suffisamment cachés par d'épais vêtements arabes et suivirent la caravane.

Mais, arrivés après Suez, ils furent découverts, ramenés au Caire et pendus.

Le Ramadan, mois sacré, fut aussi fêté avec toute la solennité désirable. « Il y régna une grande tranquillité, car les soldats français se montrèrent rarement.

« Les boutiques s'ouvraient, on se promenait, on se rendait visite avec des lanternes. Rien ne troubla les rassemblements dans les maisons ou dans les cafés.

« Les mosquées étaient éclairées. On y récitait, pendant la nuit, les prières du *Taraoui*. Durant ce mois, les Français firent leur possible pour tranquilliser le peuple.

« Ils invitaient souvent les notables à partager leur repas. Ils les servaient alors à l'usage des musulmans et acceptaient toutes les invitations que ces derniers leur faisaient [1]. »

Le cheik El-Beckry donna à cette occasion plusieurs de ces festins dont il était coutumier. A cette époque, et au moment des fêtes, se passa un fait qui assura plus pleinement encore le bon renom et l'autorité des Français. A l'expiration du mois de jeûne et le second soir de la fête qui le suit, les femmes ont coutume de se rendre aux cimetières, accompagnées de nombreux visiteurs portant les petits pains, les gâteaux de miel et les dattes destinés à être dis-

---

1. Djabarti, t. VII.

tribués en offrande aux indigents en mémoire des morts aimés.

Cette année-là, les offrandes furent plus nombreuses encore que d'habitude. Des buffles chargés de provisions encombraient les abords du cimetière de Bab-el-Nassr. Ce fut l'instant que les voleurs, si nombreux en Égypte, choisirent pour se livrer à leur petite industrie. Des enfants dressés par eux se mirent à pousser des cris lamentables :

« Les Bédouins!... Voici les Bédouins!... »

Il n'en fallut pas davantage. Les femmes, payées pour savoir ce qu'il en coûte de tomber aux mains redoutables des fils du désert, se sauvèrent aussitôt, hurlantes, échevelées, abandonnant leurs provisions, leurs chaussures, leurs voiles.

Mais cela ne suffisait point aux malandrins. Les malheureuses, complètement dépouillées de leurs habits et de leurs bijoux, ne fuyaient pas assez vite; plusieurs furent écrasées. Cependant, pas un Bédouin ne s'était montré. Les voleurs avaient simplement imaginé toute cette mise en scène à seule fin de profiter du désordre et de la frayeur des femmes pour faire main basse sur tout.

La nouvelle avait couru, et, comme tous les autres cimetières regorgeaient aussi de visiteuses, la même effroyable panique se produisit et fut suivie des mêmes larcins.

En temps ordinaire, un mois n'eût pas suffi à la police des mameluks pour trouver les coupables et les punir.

Bonaparte donna à ses lieutenants des ordres si sévères et si précis que tout se termina en une journée. Les objets furent retrouvés et rendus à leurs propriétaires, les provisions funéraires remboursées, les voleurs vigoureusement bâtonnés et emprisonnés.

Il a été si souvent parlé des fêtes de la République qu'il m'a paru inutile de les dépeindre à nouveau. Il serait peut-être curieux de connaître le sentiment du peuple égyptien à cette occasion. Djabarti, porte-parole de la nation, ne manqua pas de communiquer ses réflexions à ce sujet :

« A la fin du mois (22 septembre 1798, 1er vendémiaire) le soleil entra dans le signe de la balance. C'était l'équinoxe d'automne. Ce jour-là tombait l'anniversaire de la fondation de la République française. On fit pour célébrer cette fête de grands préparatifs sur la place de l'Esbékieh. On plaça au centre un mât très haut, peint de rouge et sur lequel on traça des dessins de couleur noire et blanche; on éleva vis-à-vis de Bab-el-Awoua un arc de triomphe de même couleur et sur lequel on dessina en noir une bataille entre les Français et les mameluks; ces derniers étaient représentés culbutés les uns sur les autres et regardant derrière eux; en avant de cet arc de triomphe, du côté du pont de Dicka, on plaça un portique de feux d'artifice. Autour de la place, on dressa des perches réunies par des cordes l'une à l'autre d'une part, et au mât du centre d'autre part. On attacha à ces cordes des lampions, qui furent ainsi disposés en guirlande. La nuit on alluma tous ces lampions, ainsi que le feu d'artifice; cette fête dura plusieurs jours [1]. »

On le voit, l'enthousiasme ne semble pas débordant. Et, pour cette fête comme pour bien d'autres cérémonies de cette première année de l'occupation française, les vainqueurs se font de singulières illusions sur les sentiments du peuple. Il regarde, il écoute, mais il ne paraît pas le moins du monde ébloui.

Bonaparte, dont le génie puissant s'applique à tout, a cependant dépensé en cette circonstance des prodiges d'imagination. A part la cérémonie militaire, très imposante, les décors, les arcs de triomphe et les obélisques, il a organisé toute espèce de jeux, tels que courses de

---

1. Djabarti, t. VI.

chevaux et d'ânes, courses à pied, en sac, auxquelles les indigènes peuvent prendre part.

Le soir, tandis que la foule admire les illuminations et le feu d'artifice, il convie à sa maison de l'Esbékieh tout l'état-major français et les principales notabilités indigènes en un repas de deux cents couverts.

Cette fois, comme on célèbre une fête française, le général a jugé inutile de faire des concessions. Tout se passe à l'européenne. Les invités s'essayent de leur mieux à l'usage compliqué de la fourchette et du couteau. Plusieurs, entraînés par l'exemple des officiers, ne refusèrent pas de goûter aux vins de France.

L'historien Marcel cite la repartie d'un indigène auquel Bonaparte posa cette question :

— Depuis bientôt deux mois que je suis au milieu de vous, que vous ai-je appris qui vous semble le plus utile?...

Et le cheik de répondre en riant :

— Ce que vous nous avez appris de plus utile, général... c'est de boire en mangeant [1].

La salle avait été splendidement ornée pour la circonstance et entièrement pavoisée de drapeaux français et turcs. Même, avec cette propension de Bonaparte à toujours chercher

---

1. Marcel, *l'Égypte française*.

l'agrément de ses hôtes, il avait eu soin de faire composer des trophées où se voyaient, en une étrange promiscuité, le bonnet rouge de la République à côté du croissant de l'Islam. Des armes entrelacées étaient placées au-dessous. Enfin, des peintures représentaient les tables de la déclaration des Droits de l'homme et des Corans ouverts.

On le voit, chacun pouvait à bon droit se déclarer satisfait. Les danses, les farandoles, qui durèrent une partie de la nuit, amusèrent les soldats, mais eurent pour effet de choquer fortement la foule indigène appelée à contempler ce spectacle si nouveau pour elle.

A quelque temps de là, Dargeavel avait été chargé par Bonaparte de faire le plan d'un établissement où les officiers et les soldats pussent ensemble se délasser des longueurs de l'exil et retrouver un peu l'esprit et la gaîté de la patrie française. Il construisit le jardin de Tivoli, sur le modèle du Tivoli parisien[1] : « Les Français construisirent dans le *Gheit-el-Nouby*, situé près de l'Esbékieh, un bâtiment de forme particulière. Les dames et les messieurs se réunissaient à des heures déterminées pour y passer

---

1. Djabarti, t. VII.

le temps et s'amuser. Le spectateur payait en entrant pour y être admis et devait être muni d'un billet. »

Dargeavel était un émigré qui, jadis, avait partagé les études et les récréations du général Bonaparte à l'école de Brienne.

Ce Tivoli devint le lieu de réunion, non seulement des officiers de l'armée, mais de tous les Européens établis au Caire. Bientôt, même, les chrétiens d'Égypte, qui, sous l'influence ambiante, renonçaient aux mœurs locales, profitant ainsi de l'agrément qui s'offrait, se hasardèrent à y conduire leurs femmes.

La mode était lancée.

Parlant de Tivoli, l'historien Marcel nous dit :

« On y trouvait des salles de jeu et de billard, un cabinet de lecture et des promenades variées, un café, un salon, des restaurateurs, un orchestre de danses, des concerts, des illuminations, des feux d'artifice, enfin les mille agréments et divertissements qui attirent la foule dans les jardins publics des capitales de l'Europe. »

Le jardin de Tivoli subit divers changements avec la fortune de ses fondateurs. Tant que Bonaparte resta au Caire, il demeura la réunion favorite des officiers, qui s'y trouvaient chaque soir. Sous le gouvernement de Menou, insensiblement la salle de spectacle se transforma en cercle, et les jardins, d'abord presque uniquement fréquentés par les Français, devinrent la promenade publique du Caire.

Le tour et les billets furent supprimés. L'entrée gratuite eut pour résultat d'amener là toute espèce de monde. Plus tard, sous le règne du vice-roi Mohammed-Aly, Tivoli devint le jardin *Rossetti*, du nom du consul italien qui avait acheté le terrain. Ces allées du jardin Rossetti virent passer l'ombre grave de Rachel, venue au Caire pour soigner la phtisie commençante qui devait si rapidement l'emporter. Avant elle, le vicomte de Chateaubriand, de retour de son voyage de Jérusalem, goûta, lui aussi, le charme de ses allées rectilignes et le parfum grisant des arbres à fleurs qui le paraient. Le duc de Montpensier s'y reposa à son tour. Mais, de tous les Français qui le parcoururent, les saint-simoniens, compagnons du père Enfantin, furent les plus fidèles et les plus assidus.

C'est sous la fraîcheur des sycomores des jardins Rossetti que les disciples venaient oublier l'amertume de leurs nombreuses désillusions en terre égyptienne, écouter l'ardente parole du maître, échanger les vues philosophiques et humanitaires qui devaient, pensaient-ils, bouleverser le monde. Là, les femmes saint-simoniennes, Suzanne Voilquin, Cécile Fournier,

Clorinde Roger, développaient les premières théories féministes, se confiaient leurs espoirs, remontaient par leur aimable présence et leur beau courage les forces « du père ». Lambert évoquait l'idylle qui devait finir par son union avec la fille de Bruneau...

Enfin, une autre femme, célèbre de tout autre manière, la belle Ida de Saint-Elme, connut aussi et presque en même temps que Chateaubriand les douceurs de Tivoli...

Aujourd'hui, à l'heure même où j'écris ces lignes, j'ai voulu revoir le jardin fameux.

C'est là-bas, derrière l'Esbékieh, tout au fond de ce *Gheit-el-Nouby*, parmi des ruelles inextricables dont plusieurs gardent encore les maisons croulantes où nos officiers demeurèrent, alors que ces mêmes maisons représentaient des habitations magnifiques.

Au milieu d'un carrefour grouillent pêle-mêle un étrange amalgame de Barbarins, de Grecs, de Coptes et d'Arabes; un loueur de voitures y voisine avec un fabricant de cercueils. D'une boulangerie toute proche monte une bonne odeur de pain chaud. Des enfants, dont le teint va du blanc le plus pur au noir le plus sombre, jouent dans le ruisseau, où la teinturerie voisine épand une eau couleur de garance. Les pieds de ces petits ont l'air d'avoir baigné dans du sang. Un vieux nègre, qui les regarde, s'offre à me guider parmi le labyrinthe des voies qui m'entourent.

Après quelques minutes de marche sous le soleil torride de juillet, il s'arrête.

— Aoh! (Voilà!)

C'est cela, le jardin Rossetti! Au milieu d'affreuses bâtisses modernes, mal finies (demeures modestes de petits employés), dont le badigeon aux teintes éclatantes de la façade cache la vétusté de l'intérieur, j'aperçois un carré d'herbes et cinq arbres : deux palmiers, un mûrier, deux sycomores et quelques ibiscus aux fleurs magnifiques, voisinant avec un jasmin dont les branches ont poussé au hasard entre les pierres.

Le ciel étend sur nos têtes sa voûte d'un bleu uniquement pur; une chanson arabe m'arrive d'on ne sait quelle fenêtre ouverte. Les enfants crient, les mille bruits de la ville arrivent en foule autour de nous.

C'est un coin où pullule la population indigène.

Malgré les Européens qui s'y rencontrent, ce quartier demeure essentiellement local. Et je songe à ce qu'il dut être il y a exactement cent quinze ans, alors que nos soldats le peuplaient.

De tout le faste, de tous les charmes du Tivoli de Bonaparte, des bocages ombreux des jardins Rossetti, que connurent les saint-simoniens, il reste cela... cinq arbres... une écurie et un marchand de cercueils !

C'est pourtant là que le général Bonaparte rencontra cette aimable Pauline Fourès, plus connue des officiers sous le nom de Lilotte ou Bellilotte, dont il sera parlé dans la suite.

Insensiblement, à mesure que s'organisait la vie avec ses occupations et ses plaisirs de toutes sortes, le luxe naissait.

Le Caire voyait se créer presque simultanément des fonderies, des usines, des moulins, des fours. On pouvait arriver à fabriquer des boulets de canon, de l'acier, des armes, des instruments d'optique et de mathématique. Les fabriques se construisaient. On trouvait de la toile, du carton, du papier aussi bien préparé que dans les ateliers d'Europe. Les ouvriers indigènes, naturellement habiles, se piquaient d'émulation en regardant œuvrer les artistes français.

Les argentiers entre tous se distinguaient.

Bonaparte, enchanté de leur travail, leur commanda sa première vaisselle plate, celle qui plus tard devait lui servir dans ses campagnes sous le nom de vaisselle de chasse.

Les passementiers et brodeurs firent les délices des officiers, qui, peu de mois auparavant, portaient encore la tunique et le haut col des incroyables. Les ouvriers égyptiens leur offrirent des merveilles.

Enfin, les fondeurs parvinrent à fabriquer des boutons d'uniforme aux armes de la République. Ils soufflaient ensuite ces boutons en or, pour le plus grand orgueil des officiers, qui peu à peu devenaient très élégants.

Bonaparte fit exécuter d'importants travaux. Il renversa les vieilles murailles, fit tomber quantité de portes dans l'intérieur de la ville, ces portes rendant impraticable la circulation et favorisant les émeutes par la facilité qu'elles donnaient aux habitants de résister aux attaques du dehors.

Le général en chef fit encore jeter des ponts volants sur le fleuve, installa une chaussée avec fossés et parapets capables de résister aux plus fortes inondations.

Devant l'île de Rodah fut élevé un hôpital pour cinq cents malades. Il faut dire que le lit ne coûtait pas cher. Il était fait, comme la couche si primitive de la plupart des Égyptiens d'alors, d'un simple caffass ou grande carcasse d'osier posé sur quatre pieds. Seulement, pour les malades, Bonaparte avait garni les caffass d'une épaisse paillasse de maïs et d'un matelas de coton, ce qui, pour l'époque, constituait un vrai lit de roi. Les malades y dormaient comme dans la couette de leur pays.

Il ne faut pas douter que l'admirable Desgenettes[1] et l'honnête chirurgien Larrey n'aient rivalisé de zèle pour faire de cet hôpital un lieu de délices, comparé aux établissements de leur temps, dont l'installation rudimentaire justifiait pleinement l'horreur que les malades manifestaient à s'y faire admettre. (On sait que l'hôtel-Dieu de Paris a longtemps conservé des lits où prenaient place de quatre à huit individus à la fois.)

Un lazaret fut construit dans l'intérieur même de l'île de Rodah. Les précautions les plus rigoureuses y étaient ordonnées afin d'enrayer les épidémies de peste qui sévissaient si cruellement sur nos soldats.

Tout cela pourtant ne suffisait pas à remplacer, pour les hommes, les charmes que tout être tant soit peu civilisé trouve dans le mélange des sexes.

A part quelque grossière rencontre peu flatteuse pour l'amour-propre de nos soldats, les femmes indigènes demeuraient inabordables pendant la première année de l'occupation, gar-

---

[1]. Desgenettes, au cours de la campagne de Syrie, avait poussé l'héroïsme jusqu'à s'inoculer la peste afin de rassurer les soldats.

dées de la curiosité de l'armée par la triple barrière de la religion, de la race et du costume dérobant les formes et les traits.

Les voitures, pouvant prêter leurs cachettes aux intrigues de passage, demeurent encore inconnues à ce moment dans la capitale. Les femmes de qualité comme les esclaves ne connaissent d'autre monture que la mule et le baudet. Vingt ans plus tard, alors que Mohammed-Aly, devenu vice-roi, se décidera à faire venir son harem de Kawala, les dames du Caire iront chercher les nobles voyageuses à la cange demeurée à Boulak, et leur feront cortège jusqu'au palais de l'Esbékieh, montées comme elles sur de superbes baudets.

Le général Bonaparte est le premier qui ait osé risquer sa calèche dans les rues impraticables du Caire.

Aussi, a-t-on dit de lui qu'il avait accompli des actes extraordinaires, mais qu'il n'entreprit jamais rien de plus difficile que de faire passer son équipage dans la ville des mameluks.

Mohammed-Aly suivit l'exemple. Mais, moins audacieux sans doute, plus ami des lentes promenades, il ne se risqua point à atteler des chevaux à son carrosse, demeuré légendaire. Quatre mules le traînaient paisiblement, tandis que l'escorte suivait à baudet ou à pied. Les chevaux et les mulets se trouvaient uniquement réservés aux seuls nobles ayant permission de laisser pousser leur barbe *(sic)*, faveur dont le chef n'était point prodigue.

D'après tout cela, on peut se rendre compte de la difficulté que présentait, pour les officiers et les soldats, la fréquentation des femmes indigènes.

Un vieux dicton prétend que le diable ne perd point ses droits... Ce mélange des sexes, qui au premier abord semblait parfaitement impossible, se trouva par la suite singulièrement facilité par l'évidente bonne volonté des femmes égyptiennes à se rapprocher des soldats français. Non seulement des liaisons passagères s'établirent, mais de véritables mariages furent contractés. Ils eurent pour la plupart des suites fâcheuses et perdirent celles qui les avaient conclus.

Il est un fait qui, mal interprété, surtout mal raconté, n'a pas peu contribué à jeter le discrédit sur les officiers de l'occupation française. On a écrit que, d'accord avec les principaux notables du pays, Bonaparte, pour se ménager l'estime des habitants musulmans du Caire, aurait autorisé le meurtre de toutes les femmes ayant eu commerce avec les soldats. L'histoire est tout autre en réalité et mérite d'être contée.

Le sujet, si délicat qu'il puisse paraître, ne choquera pas, je l'espère, ceux qui, amoureux sincères de la vérité, voudront bien ne voir dans ce récit que le désir d'un auteur résolu à tout dire pour laver d'une abominable calomnie la mémoire de nos glorieux compatriotes.

Le commandant de place Dupuy, ayant remarqué les progrès effrayants que la terrible avarie faisait parmi les soldats de l'occupation, ne craignit pas de s'en plaindre aux cheiks. On sait que jusqu'à l'expédition française et encore plusieurs années après les femmes de mœurs légères étaient enrégimentées dans une véritable administration dont certain cheik dirigeait les rouages. Ce corps de métier payait patente tout comme celui des voleurs. Bonaparte, prévenu, fit appeler l'aga des janissaires, insistant pour qu'on prît les mesures nécessaires propres à enrayer la contagion parmi ses troupes.

Le soir même, quatre cents malheureuses, soupçonnées d'avoir eu quelques faiblesses pour les occupants, étaient arrêtées dans leurs maisons, décapitées, cousues dans des sacs et jetées au fleuve.

Quand Bonaparte s'enquit des mesures sanitaires employées, on lui apprit l'exécution des infortunées ribaudes musulmanes.

— Que sont devenues les femmes que j'avais

confiées à votre surveillance ? demanda-t-il à l'aga.

— Elles sont dans le Nil, répondit-il.

— Dans le Nil ! s'écria le général en s'agitant avec colère et frappant de sa main la table placée devant lui. Vous êtes un misérable, un brigand ! Est-ce ainsi que vous entendez l'art de guérir ?... Je vous ferai fusiller comme assassin.

Son interlocuteur restait interdit.

— Répondez, répondez, répéta Bonaparte. Qui vous a poussé à cet acte de démence, de cruauté ?...

— C'est l'usage, répondit l'aga. J'ai fait exécuter la loi du Prophète.

« En effet, cet acte n'avait été qu'un sacrifice religieux. On aurait excusé des musulmanes si elles eussent occasionné un mal aux Français sans se compromettre avec eux. Mais se souiller, se livrer à des infidèles, était un crime que le Coran punissait de mort [1]. »

Et les misérables petites prostituées payèrent pour les autres, les filles des cheiks, qui avaient contracté avec les étrangers de légitimes mariages.

Le fait est que bon nombre de ces femmes, après avoir vécu avec des Français, reprenaient la vie orientale, affectaient de se montrer de très

---

1. *Histoire scientifique et militaire de l'expédition d'Égypte.*

bonnes musulmanes, se faisaient connaître aux nouveaux arrivants par l'aide des entremetteuses, qui les dépeignaient à ceux-ci sous les dehors les plus avantageux, aussi bien pour la beauté que pour la fortune, et leur donnaient le désir de leur possession. Les Ottomans ne manquaient pas de les doter richement et de les élever à de hautes positions.

On sait que beaucoup de ces femmes étaient liées aux officiers et aux soldats par des mariages assez semblables à ceux que nos coloniaux célèbrent au Japon ou à Madagascar. Les cheiks, invités à se prononcer sur la loi, avaient autorisé ces unions éphémères à condition que le marié prononçât la déclaration de foi de l'Islam :

La Allah ! Illah-Allah ! Mohammed Rassoul-Allah !...
(Dieu est seul Dieu et Mahomet est son prophète !)

Cette déclaration pouvait gêner un chrétien convaincu, mais n'avait aucune importance pour des hommes que les idées nouvelles rendaient indépendants de toute religion et de toute foi. Ils prononçaient la formule, et tout était dit.

Les pères, d'abord assez rebelles, avaient tôt fait de comprendre que leur intérêt consistait à se soumettre aux caprices des vainqueurs.

Comme ils avaient donné leurs maisons ils prêtaient leurs filles. Dès le moment que la loi le permettait, ils n'éprouvaient plus aucune crainte! Le mariage de Menou et de tant d'autres se consommèrent de cette façon.

Beaucoup de parents payèrent de leur vie leur faiblesse d'un moment. Quant aux malheureuses victimes de cupidités paternelles ou de leur propre entraînement, elles furent sans pitié sacrifiées à la haine du bas peuple et au fanatisme des cheiks.

L'exemple des soldats n'avait point à tenter les Européens d'Égypte. Depuis longtemps, ceux-ci goûtaient le charme de la vie orientale, dans son acception la plus complète.

Lebrun, à son passage en Égypte en 1720, fut reçu dans la maison de plusieurs Français, tant à Rosette qu'au Caire. Dans toutes ces maisons, il trouvait le maître uni à quelque esclave, grecque ou abyssine. Ces esclaves, achetées à bon compte au marché du Caire ou d'Alexandrie, faisaient des compagnes agréables pour la plupart des hommes qui les avaient gardées de longues années.

Ils ne se mariaient point de retour dans leur pays, car elles les avaient accoutumés à être servis en pachas. Ils n'espéraient pas trouver, chez les jeunes filles d'Europe, l'équivalent des félicités que l'Égypte leur avait si largement compensées.

Les enfants nés de ces étranges mariages étaient presque toujours musulmans et restaient en Égypte avec leur mère quand le père reprenait le chemin de sa patrie après avoir généreusement assuré leur sort et affranchi la femme. On sait d'ailleurs que les Francs durent porter le costume indigène jusqu'à l'expédition française. Les consuls seuls avaient le droit de conserver les vêtements européens. Cette coutume, louable en soi, avait pour but de préserver les chrétiens des injures de la foule.

Quelquefois, de rares Européens étaient parvenus à convertir leurs esclaves et à faire légitimer leur union avec elles. J'ai connu, à mon arrivée en Égypte, plusieurs familles qui comptaient ainsi des esclaves parmi leurs ascendances maternelles et dont les enfants représentaient les différents types dont ils étaient issus.

Le médecin Dussap, rallié à la doctrine saint-simonienne et que ses compatriotes trouvèrent inconsolable de la mort de son esclave, en avait eu deux enfants. Il mourut de la peste en 1839.

Ces familles-là gardaient la nationalité du chef de la famille, négociant ou colon, venu en terre égyptienne au commencement du XVIIIe siècle.

Bonaparte devait, à part soi, nourrir un peu de mépris pour ceux de ses compatriotes assez oublieux de leur dignité pour s'attarder en des liaisons de longue durée. Bourrienne nous apprend que les femmes d'Égypte ne lui inspiraient que du dégoût, témoin la façon discourtoise dont il congédia les six magnifiques créatures que les cheiks lui avaient amenées au palais de l'Esbékieh afin qu'il daignât faire son choix. Il faut dire qu'elles étaient peu gracieuses, encore que jolies.

Bonaparte, ami des formes sveltes et de démarche élégante, déclara que « ces outres trop parfumées ne lui agréaient point » et pria leur cornac de les reconduire. Les Orientaux demeurèrent fort ébahis. Leur goût bien connu pour les chairs puissantes et les teints mats avaient guidé leurs recherches. Ils avaient choisi comme pour eux.

Ce fut peut-être autant pour arracher ses compagnons à un genre de vie qu'il jugeait déplorable que pour classer les magnifiques découvertes et les notes prises par ses savants de retour de la Haute-Égypte, que Bonaparte songea à créer l'Institut, œuvre unique, dont le nom seul suffirait à rendre immortel le passage du général français en terre égyptienne.

Bonaparte, en conséquence, s'était hâté de créer en Égypte un Institut des sciences et des arts, à l'imitation de l'Institut national siégeant à Paris. Cet établissement fut formé par un arrêté du général en chef en date du 5 fructidor. Cet arrêté en réglait provisoirement l'organisation et la composition.

Le local choisi fut la maison d'Hassan Kachef, le Circassien.

Cet émir avait fait construire à grands frais un palais digne des *Mille et une Nuits*. Un jardin immense en formait l'enceinte, et les courtisans, si nombreux à l'époque, l'avaient surnommé en cette langue arabe si joliment hyperbolique : *Le jardin des délices et de la bonne compagnie* [1]. Bonaparte y installa les salles de botanique et la ménagerie destinée au Muséum. Les ingénieurs eurent une maison spéciale. Le docteur Royer s'établit dans la maison de Zulfikar Katkoda avec ses instruments et ses fourneaux. Les savants proprement dits, chimistes, médecins, archéologues, occupèrent la maison d'Hassan Kacheff, et ce fut entre ces murs qu'eut lieu la séance solennelle où Bonaparte inaugura l'Institut. Cette séance eut lieu le 2 fructidor. Andréossi y lut un mémoire sur la fabrication de

---

1. Djabarti, t. VII.

la poudre; Monge parla du mirage; une commission fut nommée pour dresser des tables comparatives des mesures d'Égypte et de France; une seconde pour la rédaction d'un vocabulaire français-arabe.

Bonaparte avait installé les peintres dans la maison d'Ibrahim-bey Katkoda-el-Sennari (l'Abyssin). Par un étrange caprice de la destinée, cette maison, ni mieux construite ni plus vaste que les autres, a seule résisté au temps destructeur de toutes choses.

Elle se dresse, encore intacte dans son architecture archaïque, en plein quartier musulman, à Nassria, en face de la moderne école des filles, véritable lycée indigène, où trois cents fillettes goûtent, sous l'œil de sévères maîtresses anglaises, tous les bienfaits de l'éducation actuelle, sauf la meilleure peut-être : la vie au grand air et la liberté de se montrer à visage découvert.

La maison « des peintres » conserve une façade délicatement ouvragée. Un merveilleux treillis de moucharabiehs la recouvre presque entièrement. La porte a conservé ses charnières poussiéreuses et le travail unique de ses bois, ajourés par le menuisier du temps, qui fut, sans le savoir, un artiste.

La pièce principale ouvre sur la rue, et c'est

dans l'étroit espace où le jour devait se montrer à peine, que s'avancent les boiseries des fenêtres, que les pluies et les soleils de cent dix-huit ans ont faites toutes noires.

Au milieu de la pièce, une vasque de marbre marque la place de l'ancien jet d'eau, dans lequel les artistes de Bonaparte faisaient refroidir les boissons qui les aidaient à supporter la chaleur étouffante de la journée. Dans les angles, des niches se creusent, où reposèrent les rouleaux précieux, les cartables, les feuilles où couraient en signes, en lignes, en traits rapides, le meilleur de la pensée et du talent de ces hommes qui avaient nom Dutertre, Noiry, Parceval, Redouté, Rigel, Venture, Denon et Arago.

Djabarti nous apprend qu'Arago y faisait « des portraits ». Plusieurs hauts personnages de la ville se décidèrent à laisser copier leurs traits, ce qui pour nos artistes français constituait une série de documents inestimables.

La maison d'*El-Sennary* et les mille recoins dont elle se composait ne manquaient point de prêter à la fantaisie amusante de ses habitants. Ce fut à qui embellirait son atelier particulier.

Aujourd'hui, ces pièces que nos compatriotes emplirent de leurs voix joyeuses, et où peut-être retentirent quelques-uns de ces airs discrets du XVIIe siècle, si proche, fredonnés par quelque lèvre amoureuse, ou le refrain sonore du Chant du Départ, entonné à pleine voix par les fils de la jeune République, s'emplissent du caquettement des femmes indigènes qui les occupent. La plus âgée, ridée et noire comme un pruneau, paraît fière de nous dire qu'elle sait toute l'histoire de la maison. Et aussitôt elle débite avec une volubilité extraordinaire une suite de récits dont l'extravagance n'a d'égale que la parfaite sincérité de celle qui les explique.

Mais une autre, petite-nièce ou petite-fille, je ne sais, me regarde de ses grands yeux couleur d'iris. Elle est très pâle, très mince, et sa galabieh de lin blanc n'a pas une tache. Ses pieds nus, aux ongles teints de henné, semblent à peine glisser sur le sol quand elle marche, et son sourire découvre des dents nacrées, qui ajoutent au charme de sa personne. Elle nous montre dans le bois des moucharabiehs une sorte de figure à demi effacée.

— Ils ont fait cela !...

Et ces mots, dans cette bouche, ont un sens étrange. La jeune Égyptienne d'aujourd'hui, grandie dans la vieille demeure, en a médité les mystères. Parmi les histoires étranges et fabuleuses de l'aïeule, elle a su démêler la vérité, qui, pour elle, se résume en une pensée unique.

Des hommes francs, des artistes, de ces êtres

qui savent faire des visages sur la toile ou le papier, ont habité sa maison... Des jeunes filles, vierges comme elle, ignorantes de l'amour, sont venues, appelées par eux, et ont connu des caresses, entendu des mots qu'elle ignorera toujours; quelques-unes sont mortes pour avoir aimé ces hommes...

Tout cela, la petite musulmane de 1913 ne me l'a pas dit, mais je l'ai deviné dans l'éclat plus vif de ses yeux, dans le tremblement de ses mains fines, tandis qu'elle me disait de sa voix chaude, vibrante d'admiration : « Ils ont fait cela !... »

J'ai vainement cherché dans les replis les plus sombres un objet oublié, un souvenir quelconque, du passage des savants de l'Institut... Je n'ai vu que des araignées, un peu de poussière et des tessons de gargoulette.

J'ai quitté la vieille maison, l'âme pleine du souvenir de nos compatriotes disparus.

Chose surprenante et qui m'a été tout dernièrement confirmée, ce serait là, dans la retraite des peintres, que se serait formée la commission [1]

---

1. « L'Institut d'Égypte a nommé ensuite une commission composée d'artistes, chargés d'établir, au Caire, une salle de spectacle, de danse, de concert et de feux d'artifice. Cet établissement sera un moyen d'élever les âmes de ces néophytes en liberté. » *Journal d'un savant*.

chargée d'établir la salle de spectacle et de concert de Tivoli et le règlement des feux d'artifice.

A cette époque, Bonaparte, pour favoriser le progrès des sciences et des arts, fonda deux journaux : la *Décade égyptienne* et le *Courrier d'Égypte*. Tallien, membre de l'Institut, fut chargé de la rédaction du premier.

C'est donc une Égypte pacifiée et agrandie, civilisée à demi et marchant à grands pas vers le progrès, que Bonaparte va confier à Kléber. Bonaparte est persuadé que sa conquête ne sera pas inutile. Il n'a d'ailleurs aucune haine contre le peuple soumis, se fait au contraire d'étranges illusions sur le compte de sa nouvelle victoire, qu'il se persuade complète. Cette phrase extraite d'une lettre au grand vizir en est la preuve éclatante :

« Ce n'est pas contre les musulmans que les armées françaises aimeraient à déployer et leur tactique et leur courage ; mais c'est au contraire réunies à des musulmans qu'elles doivent un jour, comme cela a été de tout temps, chasser leur ennemi commun. »

Il m'a paru intéressant de citer ici l'opinion même des compagnons de Bonaparte sur les raisons qui motivèrent son départ. Le vieux dicton si souvent cité par Djabarti me paraît ici tout à fait à sa place. « Ce que les oreilles entendent n'est pas comme ce que les yeux ont vu. » Ces hommes, le comte d'Aure, Poussielgue, Larrey, Desgenettes, Marcel et tant d'autres, se trouvaient mieux que nous aptes à comprendre et apprécier en cette circonstance la conduite du général en chef.

« C'était après la victoire d'Aboukir, la mer redevenait libre. Alors revint à Bonaparte l'idée qu'il caressait depuis si longtemps, celle de son départ pour la France.

« A la suite du triomphe d'Aboukir il crut le moment venu. Rentrer en France, escorté des glorieux détails de cette journée, y reparaître au milieu de tant de revers comme en génie sauveur, lui semblait une perspective digne de sa grande destinée. A la rigueur, même, et en se faisant quelques illusions sur l'avenir, on pouvait croire que la mission du conquérant était terminée en Égypte, et que d'autres suffisaient à compléter la tâche qu'il avait commencée.

« D'un autre côté, en perçant au delà de l'horizon, la question s'élargissait et prenait un caractère plus décisif. La République périssait, sa gloire militaire de quatre ans, mille lieues de territoire conquis par nos armes, tout avait été gaspillé en quelques mois, et cela, peut-être, faute d'une tête, faute d'un bras.

« Déchue à ce point qu'il lui fallut disputer sa frontière, qu'importait à la République de rester glorieuse en Afrique?... A quoi bon vaincre sur le Nil si le Rhin était forcé? A quoi bon fermer le désert si les Alpes étaient ouvertes?... C'était la France et non l'Égypte, Paris et non le Caire, qui formaient le nœud de la question. Et, en supposant qu'il était alors donné à un homme seul, à un enfant de la République habitué a vaincre pour elle, de lui rendre sa gloire et sa puissance continentale, pouvait-on imputer à tort à cet homme qui sentait en lui pareille mission de laisser au moins incomplète une tâche de détail pour voler à la grande œuvre générale[1]? »

La lettre du Directoire, cette fameuse lettre dont on a pourtant nié l'authenticité, devait emporter les dernières hésitations du général. Voici cette lettre, dont la copie originale écrite de la main de M. Faim existait à Paris en 1836, chez le comte François de Nantes :

---

1. *Histoire scientifique et militaire de l'expédition d'Égypte.*

« Paris, 7 prairial an VII (28 mai 1799).

« Au général Bonaparte, commandant en chef de l'armée d'Orient,

« Les efforts extraordinaires, citoyen général, que l'Autriche et la Russie viennent de déployer, la tournure sérieuse et presque alarmante que la guerre a prise exigent que la République concentre ses forces.

« Le Directoire vient en conséquence d'ordonner à l'amiral Bruix d'employer tous les moyens qui sont en son pouvoir pour se rendre maître de la Méditerranée et pour se porter en Égypte à l'effet d'en ramener l'armée que vous commandez. Il est chargé de se concerter avec vous sur les moyens à prendre pour l'embarquement et le transport. Vous jugerez, citoyen général, si vous pouvez avec sécurité laisser en Égypte une portion de vos forces, et le Directoire vous autorise, dans ce cas, à en confier le commandement à qui vous jugerez convenable.

« Le Directoire vous verrait avec plaisir ramener à la tête des armées républicaines que vous avez jusqu'à présent si glorieusement commandées.

« *Signé :* Treilhard, Laréveillère-Lepeaux,

« et Barras. »

Cette lettre, interceptée par les Anglais, ne parvint jamais à son adresse, et ce n'est que par des indiscrétions du bureau qu'elle fut signalée à Bonaparte. Mais, déjà au courant des faits qui se passaient de l'autre côté de la Méditerranée, le général se décidait. Son parti était pris.

« Bonaparte laissa quelques instructions pour compléter ce qui manquait, pour réformer ce qui était vicieux. Dans les six jours qu'il passa au Caire, il trouva le temps de donner à chacun sur les choses de son ressort le dernier mot du chef. La solde fut liquidée, et son dernier ordre du jour du 1er fructidor an VII daté du Caire ordonne le paiement du mois de thermidor à l'armée.

« Un peu avant minuit, le 30 thermidor, il fit venir auprès de lui le directeur de l'Imprimerie nationale, M. Marcel, et se fit rendre compte de l'état de plusieurs impressions qu'il avait ordonnées, lui enjoignant de les lui faire passer sous huitaine à Menouf. Ce fut alors qu'il lui remit lui-même la copie de l'ordre du 1er fructidor, qui devait être imprimé la nuit pour paraître le lendemain matin. Cette nuit du départ fut employée tout entière à rédiger quelques lettres peu significatives. Dans aucune d'elles ne se place l'idée d'un départ sérieux [1]. »

---

1. *Histoire scientifique et militaire de l'expédition d'Égypte.*

On se figure quelles durent être au matin de ce 1ᵉʳ fructidor les pensées du général alors que, laissant ses compagnons d'armes, ses lieutenants, ses amis en proie aux pires difficultés, il faisait voile vers Alexandrie, première étape du chemin de France. Le 6, l'aube se levait radieuse, dans toute la gloire du jour égyptien... Dans le petit port de Boulak un étrange va-et-vient s'opérait. Et, tandis que la cange quittait le rivage, les yeux du général en chef fixaient obstinément les premières arêtes de cette chaîne lybique et les contreforts lointains du Mokatam qui déjà se découpaient superbement dans le ciel clair. Les plaines lentement fuyaient devant l'embarcation qui portait les destins du monde, des jardins tout proches montait le parfum sucré des arbres à fleurs. Déjà, parmi les palmes des dattiers, se formaient les grappes supportant les premiers fruits, couleur d'ocre ou couleur de sang.

Sur la berge, gracieuses et légères, des fellahas glissaient, leur *balass* posé sur l'épaule gauche, leurs jeunes têtes aux lignes pures tournées vers le fleuve. Elle passaient en théorie sombre, ressuscitant les figures de ces « antiques » que Desaix avait découverts dans les hypogées du Saïd.

Et Bonaparte regardait encore... Peut-être songeait-il a revenir un jour sur ces rives heureuses où il venait de semer les premières graines de la civilisation et du progrès. Il ne quittait pas sans regret ces terres fertiles, ces champs éternellement verts, ce ciel toujours pur. Peut-être un peu de son cœur demeurait-il en cette Égypte si lourde de gloire, où il avait connu de si éclatants triomphes que son nom y resterait à travers les siècles.

Il ne devait plus la revoir jamais...

DEUXIÈME PARTIE

Les Femmes
sous l'occupation française

DEUXIÈME PARTIE

LES FEMMES
SOUS L'OCCUPATION FRANÇAISE

L'HISTORIEN Marcel, qui fit la campagne d'Égypte avec le général Bonaparte et auquel on doit des renseignements si précieux sur l'expédition, déclare qu'il manquait à nos soldats « deux choses » pour s'estimer parfaitement heureux au pays des Pharaons[1] : recevoir de temps en temps des

---

1. Pour avoir une idée de ce que c'étaient que les courriers à cette époque, il faut relire ce passage de l'historien arabe Djabarti, qui nous apprend qu'en l'année 1800 les communications avec la Turquie furent très fréquentes. Ces malles arrivaient presque *(sic)* tous les mois !

lettres de leur famille, n'être pas tenu à tant de respect envers les femmes du pays. Depuis qu'on avait quitté Toulon, on était presque sans nouvelles de France, et la plus extrême réserve était commandée à l'égard du beau sexe. Ce qui surtout taquinait nos soldats, c'était de ne pas même apercevoir un seul visage féminin [1], car les Égyptiennes allaient toujours voilées, ou, si par hasard on les surprenait sans leur voile, elles se hâtaient de se cacher la tête dans la longue chemise de coton bleu qui formait tout leur habillement, au risque de montrer le reste du corps.

Le chevalier Louis de Sauss de Boissy n'est pas moins explicite sur ce point : « La bizarrerie des mœurs orientales contrariait un peu les Français qui assistaient à ce spectacle. Les hommes se promenaient avec les hommes, les

---

1. A Damanhour deux commissaires des guerres furent chargés de visiter les maisons du village pour faire enlever le grain qui pouvait s'y trouver. Ces commissaires parlaient l'arabe ; ils commencèrent par la maison du cheik El-Beled. Là, au fond d'une cour, ils découvrirent trois négresses. « La rencontre était heureuse, quoique les négresses ne fussent pas jolies. Les deux commissaires triomphaient déjà, pensant qu'ils pourraient se vanter d'avoir eu en Égypte la première aventure amoureuse. Quelques instants suffirent pour les détromper. Le cheik, peu tranquille sans doute sur les principes et la vertu de son sérail, pour les protéger contre les entreprises des Français, avait barricadé l'honneur de ses trois femmes avec de formidables ceintures de fer. » — J. Miot, *Mémoires pour servir à l'histoire des expéditions en Égypte et en Syrie*. Paris, 1814.

femmes avec les femmes; le déguisement qu'il aurait fallu prendre, les dangers qui l'auraient accompagné par la sévérité des lois turques à ce sujet, le respect pour l'hospitalité et surtout la crainte de déplaire à un général, l'ami et le défenseur des mœurs, avertissaient la raison et forçaient à la prudence[1]. » On sait que le premier soin de Bonaparte avait été de prémunir ses soldats contre toute tentative imprudente envers les femmes égyptiennes, se montrant en cela plus humain que les indigènes eux-mêmes.

Au lendemain de la défaite des mameluks, plus de deux mille femmes furent égorgées par leurs coreligionnaires. Dans le but d'excuser ce massacre, les indigènes assurèrent aux Français que, seul, le désir de soustraire ces femmes à la brutalité des vainqueurs avait armé le bras des assassins. En réalité, il en était tout autrement. Sitôt l'arrivée des étrangers signalée au Caire, les femmes de la ville avaient pris la fuite, emportant leurs bijoux, leur or et leurs vêtements les plus précieux.

Les hordes de Bédouins nomades qui infestaient alors la campagne accoururent aux portes de la capitale sitôt que l'exode fut connu. Et

---

1. Journal d'un savant embarqué sur la flotte.

bientôt les malheureuses, fuyant les attaques d'un ennemi inconnu, tombèrent aux mains de brigands bien autrement redoutables.

La moitié au moins périt sous les coups des fils du désert. Celles qui parvinrent à se sauver furent dépouillées et durent s'enfuir nues dans la campagne égyptienne. Plusieurs femmes, épouses des émirs, étaient du nombre.

Bonaparte, par la suite, fit paraître un décret autorisant ces femmes à rentrer au Caire et à revenir occuper leur maison, où elles ne seraient point inquiétées. D'abord indécises, les fugitives, qui n'avaient pu porter très loin leurs pas lassés, eurent des nouvelles de la ville dans les demeures de paysans où elles avaient demandé asile. Elles connurent la loyauté du vainqueur et le respect que nos soldats portaient à leur sexe. Presque toutes reprirent le chemin de leur palais.

La femme égyptienne, l'esclave turque ou circassienne de l'époque, différait sensiblement de l'Orientale d'aujourd'hui. Profondément ignorante de toutes choses, n'ayant encore vu du monde extérieur que ce que le marchand d'esclaves leur en avait laissé deviner, ne quittant leur demeure que pour le bain et les fêtes qu'elles se donnaient entre elles sous la surveillance des eunuques, ces créatures demeuraient uniquement occupées des soins de leur personne et du plaisir du maître omnipotent dont elles dépendaient.

Les nombreuses servantes qui encombraient la maison leur enlevaient tous soucis, même celui des enfants, dont elles s'inquiétaient à peine, peuplant le foyer en femelles fécondes, comme les oiseaux peuplent leur volière, mais incapables d'un sentiment ou d'un effort à l'égard des petits êtres qui leur naissaient.

Voici exactement de quoi se composait l'accoutrement d'une élégante au Caire en cette fin du XVIIIe siècle, où la France avait pu admirer la grâce des modes du dernier règne et l'audace inouïe des innovations lancées par les merveilleuses du Directoire.

Un caleçon de coton, sur lequel s'enfile un caleçon de soie, une courte chemisette de linon, un corselet brodé. Ce corselet était de velours pour l'hiver et de soie légère pour l'été. Le caleçon de soie, descendant très bas sur le pied, se relève attaché par des rubans et montre les jambes. Une large ceinture de cachemire de soie ceint les reins. Sur le premier corselet, un second corsage étroit à la taille et ouvert de manière à découvrir la poitrine. Voilà pour la maison.

Pour sortir, les femmes passent sur les vêtements déjà décrits une longue robe de soie molle qu'elles laissent traîner majestueusement dans la boue ou la poussière des rues non pavées; les manches, démesurément longues, s'attachent à la taille par un lien de soie ou d'or.

Enfin, les dames se drapent dans la *habara*, encore en usage de nos jours, mais portent sur le visage l'affreux *borgho*, seulement usité maintenant parmi les femmes du bas peuple. Le borgho est une sorte de bobine d'or ou de cuivre, quelquefois même de soie passée à l'ocre, que l'on applique sur le nez et qui s'attache derrière les oreilles avec deux rubans noirs. Du centre de cette bobine part l'étoffe noire se terminant en forme de langue voilant complètement le bas du visage et descendant jusqu'aux genoux.

Sur la tête, un petit tarbouche entouré de cheveux formant turban. Sur le devant de ce tarbouche, un croissant en or ou en pierres précieuses, des étoiles, des perles ou des fleurs. L'usage général pour les femmes de qualité est d'étaler un rubis au petit doigt de la main gauche.

Dans l'intérieur de ses appartements, l'Égyptienne véritable continue à porter ses cheveux tressés en petites nattes, terminées par des sequins de Venise (sechini)[1]. Cette mode, qui date de l'époque des khalifes, n'est plus adoptée aujourd'hui que par les gavvazis (danseuses). La plupart des femmes du xviiie siècle gardent encore autour des chevilles des anneaux d'or ou d'argent. Cette coutume n'est pas d'origine locale. Elle fut importée au moment des invasions cyrénaïques, où les femmes Adir machidi avaient l'habitude de s'en parer.

L'Égyptienne du temps de Bonaparte ignore les bas. Quelques grandes dames seules osent en mettre, pour sortir, depuis que les femmes des consuls ont été admises à leur rendre visite. Les bas de soie, importés d'Europe par un négociant français de Lyon, ont été achetés au poids de l'or par quelques riches épouses d'émirs, qui se montrent très fières d'imiter les femmes *franques*.

Les autres habitants du Caire se contentent de peindre leurs ongles au henné et de se faire tatouer le talon. Toutes portent la babouche. Ces babouches sont de deux sortes : en velours brodé d'or ou de perles pour l'appartement, de cuir marocain jaune pour la rue.

Les esclaves et les servantes de race noire portent la *galabieh* aux teintes voyantes, sur la-

---

1. L'ensemble de cette coiffure se nommait *seffé*.

quelle elles jettent, pour sortir, un vaste voile noir très épais, dont elles s'enveloppent à la manière des femmes antiques [1].

Les chrétiennes conservent le voile blanc, que bientôt les négresses adopteront.

Il est d'ailleurs établi que, seules, les femmes des consuls peuvent sortir à visage découvert. Encore doivent-elles prendre soin de se faire escorter par une suite de janissaires armés de bâtons. Les autres, Syriennes, Coptes ou Israélites, doivent cacher leurs traits comme les musulmanes, sous peine de se voir infliger les pires traitements ou les plus cruelles injures. Même, les Grecques et les Italiennes (très rares encore) sont soumises à cette loi. Ce n'est guère que vers 1840 que les chrétiennes d'Égypte ont commencé à se dévoiler. Les Européennes ont repris les habitudes de leur pays à partir de l'expédition française.

Les maisons demeurent donc les prisons des belles odalisques de 1799. Ces prisons, d'ailleurs, n'ont rien de désagréable. Les récits de l'époque nous les montrent sous les plus riches

---

[1]. Les femmes du peuple se drapent dans la milaya, drap de coton à raies rouges, sur fond bleu quadrillé. J'ai vu porter cette milaya jusque vers la fin de 1890. On ne la retrouve plus aujourd'hui que sur les divans de quelques familles très modestes, où elle sert de couverture.

couleurs. Chaque émir, chaque officier, chaque bourgeois possède un petit palais. Les matériaux les plus coûteux ont servi à leur construction. Les bois les plus précieux, les marbres les plus rares, les ors les plus fins ont été posés à profusion sur les murs, les plafonds et les parquets. Des meubles recouverts d'étoffes magnifiques ornent les salles. Les porcelaines de la Chine, les faïences de la Perse couvrent les étagères. Les glaces de Venise mettent partout la gaîté de leur éclat et reflètent à l'infini les traits des belles esclaves qui peuplent le sérail.

Partout des bassins de marbre, des jets d'eau parfumée, des volières où s'ébattent d'étranges oiseaux. C'était à qui ferait le plus de folies pour embellir et parer son domaine.

« Un certain Chams-el-Dine, khalife de la famille Sadat, avait fait construire, à Birket-el-Fil[1], dans la maison de sa famille, des appartements dont la splendeur est demeurée légendaire. Il y avait entre autres un salon de réception appelé « le salon de la gazelle qui regarde de côté ». Il y avait aussi dans cette maison une salle appelée *Om-el-Afrah* (la mère des fêtes),

---

[1]. Cheik Djabarti. — Il reste encore une partie de cette maison; elle appartient à la fille du dernier cheik Sadat, femme du cheik Joseph.

dont les murs étaient recouverts de dessins dorés et de porcelaines. Le parquet était en mosaïque de diverses couleurs. On y voyait un arbre avec ses branches et ses feuilles, des oiseaux des îles, une fontaine, un jet d'eau... Cette salle avait été construite par le cheik Abou-el-Tansi. L'ensemble de la maison prit le nom de *Assadia* (la plus heureuse). Les Français respectèrent Chams-el-Dine, lui rendirent tous ses biens et acceptèrent son intervention. Les chefs fréquentèrent sa maison et lui donnèrent des festins.

On citait encore parmi les demeures les plus belles celle d'Hassan Kachef, où Bonaparte établit l'Institut, celle d'Elfy, où il s'installa, celle du cheik El-Beckry, etc., etc.

Ce fut, durant la première année de l'occupation, un échange ininterrompu de bons procédés entre les Français et les indigènes. Sous l'œil sévère de Bonaparte, officiers et soldats s'appliquèrent à respecter les conventions établies. Les cheiks reçoivent et rendent les politesses qui leur sont faites, mais tiennent jalousement closes les portes du gynécée, où nul ne pénètre.

Les soldats, pour se consoler, n'ont d'autres ressources que la fréquentation dangereuse des hétaïres et de quelques femmes du bas peuple, que l'appât d'un peu d'argent attire vers eux au mépris de tous périls.

Je pense que ce genre de femmes n'a guère changé depuis cent ans... On se figure, sans peine, la petite marchande d'amour, glissant dans les rues boueuses, du pas léger de ses pieds nus. Le *borgho* couvre une partie de ses traits, mais ses yeux, agrandis par le kohl, demeurent visibles et semblent aux soldats étrangement provocateurs. Sur le front, une étoile bleue, merveille de tatouage, achève de donner à son visage une expression curieusement bizarre. Ses mains fines jouent nonchalamment avec les guirlandes de fohls embaumés, qui parent le cou, tombent sur les seins en colliers fleuris. Les joueuses de tambour de basque font retentir leur instrument au-dessus de leur tête, en levant les bras, ce qui a pour effet de découvrir l'épaule et une partie de la gorge, les galabiehs étant complètement fendues de l'aisselle à la hanche dans le costume fellah.

Accompagnées par le rythme du *réhé*[1] et la plainte du *misma*[2], les gavvazis pauvres redisent les éternelles mélopées que depuis des siècles les Égyptiens écoutent avec le même plaisir et

---

1. Tambour de basque.
2. Hautbois.

la même ferveur. La chanson semble une plainte, les notes aiguës se prolongent en soupirs sur les lèvres des récitantes, et les assistants font entendre, à la fin de chaque strophe, le Ah! Ah! Ah!... *Kamann!*...[1], qui résume là-bas la plus complète expression de l'enthousiasme.

Les soldats français écoutent surpris et amusés. Les quelques mots d'arabe qu'ils ont appris très vite leur servent à témoigner aux artistes leur admiration à demi sincère.

Les connaissances s'ébauchent, les femmes ne se font pas trop prier pour accepter les quelques paras[2] qu'on leur offre ou le verre de sirop qu'on leur tend.

Et c'est sans doute avec ces créatures-là que les hommes de Bonaparte tentèrent leurs premières aventures. Ce furent elles, sans doute, qu'ils entraînèrent sous l'obélisque de toile élevé sur les ordres du premier consul lors de la fête de la République.

« Les abominations de cette nuit-là furent telles qu'à un moment donné la toile craqua et l'obélisque faillit crouler. Les Français passaient à tour de rôle sous l'obélisque avec les femmes qu'ils avaient attirées en ce lieu par de coupables

---

1. Encore!...
2. Le para vaut environ huit centimes de notre monnaie.

propositions, et ces créatures éhontées, rebut de leur sexe, ayant été découvertes, ce fut un grand scandale, et on les ramena dans leurs maisons aux cris de la foule, qui, sans la protection des étrangers, n'aurait pas tardé à les mettre en pièces. »

Il est donc avéré que les premières conquêtes de nos soldats ne furent pas très brillantes la première année de leur séjour en Égypte. Devait-il en être toujours ainsi ?... La réponse nous est donnée par les documents précieux que nous a laissés le cheik Djabarti, contemporain des événements que nous essayons de retracer.

Djabarti représente un des rares intellectuels de l'époque. Il cache sous son costume de cheik une âme de philosophe. Remarquablement érudit sur les choses de son temps, gardant le goût de l'étude et possédant une rare science d'observation, ce musulman du XVIIIe siècle semble plutôt un Grec d'Alexandrie échappé à l'époque d'Origène. Un extraordinaire bon sens le caractérise. Il se montre ennemi des tumultes et tout à fait contraire aux abus de ses coreligionnaires, qui, seuls, pense-t-il en sa sagesse profonde, ont amené l'attaque de ces Français et le bouleversement des coutumes établies.

C'est Djabarti qui va nous dire comment

s'opéra la jonction de ces deux éléments si parfaitement disparates : les femmes indigènes et les officiers français.

« Dans le courant de cette année (1800) la licence commença à entrer dans les mœurs indigènes. Les femmes françaises arrivées avec l'armée se promenaient dans la ville le visage découvert et portaient des robes et des mouchoirs de soie *(sic)* de diverses couleurs. Elles montaient à cheval ou à baudet, portant des cachemires sur leurs épaules; elles galopaient dans les rues en riant et en plaisantant avec les conducteurs de leurs montures et avec les indigènes de la plus basse classe.

« Cette liberté indécente plut aux femmes mal élevées du Caire *(sic)*; et, comme les Français s'honoraient de leur soumission aux femmes et leur prodiguaient des cadeaux et des libéralités, les femmes commencèrent à s'entretenir avec eux. Dans les premiers temps elles s'étaient observées, mais, après la révolte du Caire, Boulak avait été pris d'assaut, les Français s'étaient emparés des femmes et des filles qui leur avaient plu, les avaient fait habiller à la manière européenne et leur avaient fait adopter leurs usages.

« Depuis lors, la licence s'étendit rapidement dans toute la ville; beaucoup de femmes, attirées par l'amour des richesses ou bien par la galanterie des Français, imitèrent les femmes de Boulak. En effet, les Français avaient tout l'argent du pays entre leurs mains et s'étaient toujours montrés soumis aux femmes, même si celles-ci les eussent frappés de leur pantoufle !... [1] »

Bon Djabarti, vous exagérez. Il est un fait pourtant que l'on ne saurait nier. Dans tous les harems que j'ai fréquentés lors de mon arrivée en Égypte, et où de très vieilles femmes avaient encore présent à l'esprit les récits de leurs mères sur l'époque de l'occupation, la légende était si bien établie du servage absolu de l'homme français envers la femme qu'il me fallut renoncer à essayer de vouloir prouver le contraire.

Cependant, les soldats de Bonaparte n'ont pas laissé seulement des souvenirs de haine. Pour la plupart des Égyptiens d'alors, ils représentaient le rêve que toute femme inconsciemment porte en soi.

Ils venaient vers elles, pauvres recluses, comme autant de princes charmants accourus de l'autre rive du monde pour briser leurs chaînes.

J'ai dit plus haut combien différait l'accoutrement des Orientales d'alors des toilettes européennes de celles d'aujourd'hui ; on a vu aussi

---

Djabarti, t. VII.

combien peu parmi les femmes de cette époque eussent été capables de suivre des conférences, lire nos livres, causer en n'importe quelle langue sur un sujet autre que les petits événements toujours les mêmes du harem.

Il faut savoir encore que l'apathie dans laquelle s'enlizaient ces créatures avait d'étranges réveils parfois.

Le poison, la corde, le Nil où on les jetait vivantes, venaient aider l'époux ou le maître à se délivrer d'une compagne devenue importune. La plus petite faute était punie comme un crime. Pour le crime véritable, il n'était pas de châtiment assez cruel. Au commencement du XVIIe siècle, le voyageur Lebrun a appris de son hôte qu'un voisin avait, la veille, infligé à son épouse adultère la peine ordinaire. C'est-à-dire qu'il l'avait fait coudre dans un sac en compagnie d'un coq, d'un chat et d'un serpent, puis fait jeter le tout à la mer aux environs de Rosette. Les mameluks n'agissaient guère autrement. Si le maître mourait sans avoir affranchi ses esclaves et les enfants qu'il avait d'elles, mères et rejetons étaient impitoyablement vendus par les émirs. Qu'une femme, par hasard heureuse en ménage, attirât la convoitise d'un chef, et le mari devait la céder aussitôt, sous peine de disparaître le jour même. Le caprice de l'émir passé, la malheureuse était livrée à quelque favori, ou simplement étranglée. Les filles, mariées à un homme qu'elles ne connaissaient point, pouvaient tomber aux mains d'un époux intraitable et recevoir la défense de franchir la porte de la demeure conjugale. Il avait le droit d'interdire à sa jeune femme toutes relations avec sa famille; elle ne pouvait sous aucun prétexte correspondre avec elle. Ses enfants même lui appartenaient à peine. Elle ne quittait sa prison que pour le tombeau.

La loi protégeait l'homme contre toute revendication féminine. Le maître de la maison conservait le droit de vie et de mort dans son domaine. Personne ne l'inquiétait si une femme disparaissait de chez lui.

La loi musulmane, il est vrai, se montre pitoyable à l'épouse. Le kahdi peut la soustraire aux tyrannies de son seigneur en lui accordant le divorce. Mais nous sommes loin de l'époque des khalifes; les mameluks n'ont de musulman que le nom. Au fond, ils se composent d'un ramassis de toute espèce, et ces brigands, semant la terreur, sont parvenus à faire trembler toute l'Égypte sous leur domination épouvantable.

L'arrivée des Français en terre égyptienne avait d'abord effrayé les femmes. Mais, à mesure qu'elles apprenaient à les connaître, les conquérants semblaient se muer, pour beaucoup d'entre elles, en libérateurs. Ils ouvraient à leur ignorance les portes d'or de l'inconnu.

Dans le mystère des vastes demeures, ils murmuraient à leurs oreilles ravies les paroles troublantes et jamais entendues. Par eux, leurs lèvres dociles avaient connu la science du baiser. A ces créatures vouées par la coutume au rôle de perpétuelles esclaves, soumises au caprice du maître depuis le commencement des âges, ils avaient révélé toutes les joies, donné toutes les ivresses. Traitées en égales, placées tout à coup si haut et si loin de leurs compagnes d'infortune, elles s'étaient laissé emporter par le tourbillon grisant, s'étaient données tout entières dans leur candeur ingénue. Pour cela, celles qui plus tard devaient payer de leur vie les heures trop brèves, les heures bénies de l'amour, ne regrettaient rien et tendaient leurs jeunes têtes sans un soupir à la lame du bourreau. Elles savaient, ces innocentes, que jamais plus elles ne retrouveraient les ivresses du bonheur passé ni cette liberté un instant reconquise. Elles ne se sentaient plus pareilles aux autres, à celles qui n'avaient pas été aimées... Elles ne pouvaient plus vivre de leur vie ni subir leur esclavage. Elles préféraient mourir. Les victimes d'ailleurs furent nombreuses.

La plus connue est la fille du cheik El-Beckry.

Ici, nous touchons à un point délicat de notre histoire. De vieilles gens tout à fait dignes de foi m'ont affirmé que les amours et les fautes de la malheureuse jeune fille se réduisaient à une seule faiblesse. Mais celle-là les résumait toutes.

Au dire des indigènes du temps, la fille du cheik aurait précédé la fameuse Pauline Fourès dans les bonnes grâces de celui qui devait être l'empereur.

Zénab, à seize ans, se montrait belle, de cette beauté spéciale à certaines Égyptiennes qui semblent garder dans leurs poses graves, dans la minceur flexible de leur corps, dans la flamme étrange de leurs yeux, un peu de ce charme propre aux figures que les artistes de l'ancien empire nous ont laissées de leurs contemporaines sur les hypogées de Thèbes ou de Memphis.

Quelle fut au juste la part de responsabilité du père dans cette aventure?... C'est ce que rien encore ne m'a permis de découvrir. On sait la confiance que lui témoignait le général en chef, confiance partagée d'ailleurs par tous les Français, dont le cheik se montrait si ouvertement l'ami.

Accepta-t-il la faute de sa fille comme une

des conséquences inévitables de la guerre, en tâchant d'en tirer pour lui et les siens le meilleur parti?... Le mariage, ou plutôt le semblant de mariage usité en pareil cas, fut-il exécuté?... Cela n'est guère probable.

Bonaparte, malgré la désinvolture qu'il mettait à prouver que les gestes en pareil cas ne lui coûtaient rien dès qu'il s'agissait de convaincre les indigènes de sa bonne foi, n'avait nul besoin d'épouser la fille du cheik, quand il pouvait obtenir par ruse ce qu'il souhaitait. Les femmes n'étaient plus si bien gardées depuis un an; les documents de l'époque, l'œuvre entière de Djabarti, sont là pour nous renseigner. En réalité, serviteurs et esclaves, soit dans l'unique but de tirer vengeance des années d'opprobre où ils avaient vécu sous la férule des mameluks, soit dans l'appât d'une forte récompense, argument toujours irrésistible pour les âmes mercenaires, se faisaient un malin plaisir de provoquer ces unions passagères, ces rencontres d'occasion, qui jetaient le discrédit sur la famille de celles qui les acceptaient. Ils se trouvaient heureux aussi d'exploiter à leur profit les passions des officiers, passions d'autant plus ardentes, d'autant plus impérieuses qu'elles demeuraient sans lendemain.

Le cheik El-Beckry, malgré sa vive intelligence, ne pouvait prévoir les événements qui se préparaient à Paris.

Les journées de fructidor, de floréal et de prairial, devaient saper la constitution ; la France était prête à recevoir les ordres du général devenu premier consul... Pour cela, le départ de Bonaparte allait s'imposer. Mais qui donc eût pu deviner ces choses ?... Le cheik El-Beckry tout le premier dut les ignorer. Connut-il la liaison de sa fille ?... La chose semble probable ; en tout cas il est évident qu'il ne fit rien pour l'empêcher. Croyant la présence des Français complètement définitive, il se dit peut-être qu'il pouvait sans crainte suivre l'exemple de tant de ses compatriotes et relâcher sa surveillance vis-à-vis de son harem.

Zénab et sa mère reçurent la visite de quelques femmes européennes. Elles la rendirent. Un jour le général en chef aperçut la jeune fille, soit chez la générale Verdier, soit chez cette Pauline Fourès dont il devait bientôt faire la fortune.

C'était l'instant où la conduite de Joséphine, demeurée en France, causait de si cruelles inquiétudes au général. Junot n'avait pas encore parlé, mais Bonaparte devinait ce que nul autour de lui n'osait lui dire.

Il n'était pas mûr pour de violentes amours, mais suffisamment préparé à goûter les charmes d'une légère vengeance. Cette vengeance lui semblait admirablement représentée par l'amusante aventure qui s'offrait à lui en la personne de cette vierge égyptienne. Il la vit, toute menue dans sa longue simarre orientale, son front d'enfant paré de sequins d'or, sa gorge dure saillant sous l'étoffe transparente de la chemisette, ses pieds nus semblant à peine effleurer le sol. Ses nombreuses nattes retombaient sur ses épaules, s'échappant à la mode du pays du petit tarbouche entouré de fleurs. Chaque fois qu'elle remuait la tête, les pièces de monnaie attachées à ses tresses faisaient une musique très douce, très neuve aussi, dont le général était amusé. La conquête ne dut pas lui sembler très difficile. Quelques compliments, l'envoi de nombreuses boîtes de friandises, des bracelets, des boucles d'oreille, quelques chiffons, il n'en fallait pas davantage pour séduire ce cœur d'enfant, tout prêt déjà à se donner au vainqueur qui lui avait une fois souri.

Le roman ne dura guère... Quelques semaines plus tard, Pauline, la jolie modiste de Carcassonne, devenue la femme de l'officier Fourès, gagnait les faveurs du général et ne tardait pas à se poser en maîtresse légitime. Elle eut tôt fait de balayer le premier caprice du chef, tout en feignant de l'ignorer. Mais d'abord, en compagnie d'autres femmes françaises, elle s'était divertie à transformer celle que tout bas on appelait « l'Égyptienne du général ». De la pâle fille du Nil, au profil hiératique, aux vêtements amples, à la démarche noble, elle fit une poupée parisienne. Zénab connut le supplice du corset et l'engoncement ridicule des robes directoire. Ses cheveux relevés en chignon, ses bras maigres d'adolescente, les chaussures étroites grâce auxquelles ses pieds inhabiles ne pouvaient marcher, lui composèrent un ensemble plus étrange que gracieux. Le tout présentait une silhouette un peu vulgaire, d'où l'élégance native demeurait exclue, sorte de caricature à l'européenne, qui, mieux que tous les raisonnements, devait suffire à lasser le caprice du général en chef.

Le joli roman d'un soir d'été sombrait lamentablement dans le ridicule. Pauline Fourès triompha seule jusqu'à la fin du séjour de Bonaparte. Zénab, volontairement aveugle et sourde, s'appliquait à apprendre « dans les livres » la langue de ces étrangers, qu'elle aimait sans doute de toutes les douleurs qu'ils lui faisaient inconsciemment souffrir. Maintenant, elle partageait la vie des femmes françaises, sortait avec elles dans les rues, et le soir, suprême imprudence, on pouvait la rencontrer à Tivoli, en compagnie des officiers, toujours pâle, toujours fine, mais déjà plus hardie avec les hommes, s'essayant à parler français avec eux, pouvant déjà répondre aux compliments que lui adressaient les soldats, désireux de s'attirer les bonnes grâces de la petite amie de leur chef.

Les Français partis pour toujours, la vindicte populaire ne tarda pas à se venger sur la jeune fille de la honte que sa faute jetait sur la nation tout entière en la personne de Beckry, chef des nobles, descendant de l'illustre famille du prophète. D'autres, plus coupables qu'elle, pouvaient nier. Elles étaient moins connues, le crime demeurait caché. Pour celle-ci, la situation même de sa famille la plaçait si bien en vue qu'aucun de ses actes n'avait échappé aux yeux malveillants du peuple. La honte était publique, le châtiment s'imposait.

Ce fut par un radieux matin de printemps, tout embaumé des senteurs capiteuses des frangipanes, des jasmins, des roses et des chèvrefeuilles, que les émissaires des chefs vinrent frapper à la porte du cheik El-Beckry.

Par un matin semblable, un an plus tôt, Zénab encore adolescente, ivre de toute la sève d'amour qui gonflait sa poitrine, avait quitté la demeure paternelle pour courir au premier rendez-vous que lui donnait le général franc. Sur ces mêmes dalles de l'atrium, où retentissait à présent le bruit sourd des lances et des sabres battant le marbre, ses petits pieds d'enfant avaient couru vers le plaisir...

Et les esclaves, alors complices, ne trouvaient pas assez de parures, assez de parfums ni assez de fards pour son corps de vierge, qu'elle voulait si net et si beau que l'étranger en gardât à jamais le souvenir.

Le châtiment dépassa la faute.

Le cheik Djabarti, déjà cité, dépeint la scène en un tableau saisissant dans sa tragique simplicité.

« Le mardi 24 rabi-el-avval 1216, la fille du cheik El-Beckry fut recherchée. Elle s'était débauchée avec les Français *(sic)*. Les envoyés du vizir se présentèrent après le coucher du soleil chez sa mère, dans sa maison située à *El-Khodaria*, et la firent venir ainsi que son père. Elle fut interrogée sur sa conduite, elle répondit qu'elle se repentait. On demanda ensuite l'avis du père. Il répondit qu'il désavouait la conduite de sa fille. Alors on coupa le cou de la malheureuse. »

Ne croirait-on pas lire une page de Plutarque?...

On se représente la scène si terrible en son inconvenable rapidité.

La jeune fille, terrorisée par l'arrivée des bourreaux, avoue spontanément sa faute et demande grâce. Sa jeunesse frémit d'épouvante devant la mort si prochaine, tout son être se révolte contre l'atrocité du supplice qui s'apprête.

Elle voit luire les sabres aux mains des meurtriers, elle se traîne gémissante aux genoux de son père. Un frisson continu secoue ses épaules, fait claquer ses dents. Les paroles expirent sur ses lèvres froides.

Mais les hommes qui sont là n'ont point de pitié.

Le père d'un geste brutal pousse hors de la pièce la mère en pleurs qui implore vainement la grâce de l'enfant coupable, mais chère quand même, à son cœur si souvent trop faible. Et, l'épouse partie, lui, le chef de la famille, se voile la face et laisse s'accomplir la destinée.

Une fois encore l'ambition aura été plus forte chez lui que les sentiments.

Puisque ceux qui le protégeaient ne reviendront plus, mieux vaut encore se ménager la protection de ses coreligionnaires en abandonnant Zénab à leur justice implacable.

Une autre jeune fille accusée, elle aussi, d'avoir fréquenté « les Francs », fut dénoncée par sa propre famille pour s'être librement donnée à un officier. Le vizir l'envoya chercher de grand matin à la maison que son père possédait au vieux Caire, non loin de l'île de Rodah. Le vieux serviteur qui l'avait élevée la conduisait par la main. Comme elle tardait à descendre du harem, il y monta, lui disant de se hâter, car il devait être de retour avant midi. Elle répondit qu'elle mettait son voile.

— Ce n'est pas la peine, maîtresse, pour l'endroit où tu vas, la habarra suffira bien.

— Mais où me mènes-tu donc, mon oncle[1]?...

— Tu le verras...

La pauvre petite, le cœur serré d'une angoisse indicible, le suivit sans oser ajouter une parole.

Arrivés tous deux devant le fleuve, en vue de l'île de Rodah, ils rencontrèrent deux hommes, qui ordonnèrent à la jeune fille de se mettre à genoux et de prier.

Alors elle comprit, pleura, supplia... Elle fit appel à la tendresse que le vieux serviteur lui avait témoignée depuis son enfance. Elle répétait :

— Que t'ai-je fait, à toi, dis?... Que t'ai-je fait?...

Alors, craignant de fléchir, l'homme se pen-

---

1. En Égypte, les enfants donnent ce titre (en arabe : ya à ammi !) aux vieillards et aux anciens serviteurs.

cha, arracha la ceinture de la jeune fille, et, lui en enserrant le cou, il l'étrangla.

Deux autres femmes eurent, pour les mêmes causes et ce même jour, la tête tranchée.

Celles-ci sont les plus connues. Mais les autres, filles ou femmes d'émirs, qui, livrées à elles-mêmes au moment où les chefs disparaissaient sans même les prévenir, s'étaient peu à peu laissé séduire par les avances des étrangers, les esclaves, qui, durant trois ans, avaient partagé la vie des soldats, qui dira la fin tragique de leurs aventures?... Djabarti évalue à plus de deux cents (pour la ville du Caire seulement) le chiffre des femmes tuées ou vendues après l'évacuation des troupes françaises.

Même, celles qui s'étaient mariées en légitime mariage subirent la honte d'être répudiées par leur mari sitôt qu'il connut la vérité.

Les Français n'avaient pas eu beaucoup de peine à faire adopter les modes européennes aux femmes qui partageaient leur vie.

Naturellement enjouée, très sociable, l'Égyptienne a une grande faculté d'assimilation. Loin de se plaindre de leur nouvelle situation, celles qui étaient parvenues à s'émanciper en tirèrent avantage. Leur exemple eut bon nombre d'imitatrices, et voici de nouveau le cheik Djabarti au comble de l'indignation :

« Les musulmanes mariées à des Français adoptèrent aussitôt les mœurs de ces derniers. Habillées à la franque, elle se promenaient avec les hommes et se mêlaient aux affaires. Des gardes, armés de bâtons, marchaient devant elles et leur ouvraient un passage à travers la foule comme s'il se fût agi d'un gouverneur [1]. »

Djabarti ignorait sans doute que tel le voulait le protocole. De tous temps, et jusqu'à nos jours, les Européennes ont été protégées en pays oriental par la canne majestueuse des *cavvas*. Aujourd'hui, les femmes de consuls seules usent de cette prérogative, mais, au siècle de Bonaparte, rien de surprenant à ce que les femmes non voilées aient eu également recours à la protection des janissaires affectés à cet emploi chez tous les ambassadeurs.

Il eût sans doute paru de toute imprudence de s'exposer seule aux regards d'une foule éminemment hostile.

Si les bourgeoises et les femmes des émirs se laissèrent facilement séduire par les officiers, il semble avéré, d'après les récits indigènes, que les négresses se montrèrent au-dessous de tout.

Elles n'avaient aucunes précautions à prendre. L'arrivée de ces hommes prêchant la liberté

---

[1]. Djabarti, t. VI.

secouait leurs chaînes... Abyssines du Sennar ou noires d'Éthiopie, filles du pays Cafre ou de la côte Somali, laissèrent bouillonner à plaisir le sang impétueux de leur race. Elles témoignèrent aux soldats de telles marques d'admiration qu'ils en restèrent confondus. Une si rapide conquête bouleversait leur jugement et changeait étrangement l'opinion qu'ils s'étaient faite des Orientales.

Les négresses, devenues chattes, se sauvaient des maisons de leurs maîtres pour rejoindre les Français, escaladaient les murs des terrasses, se livraient à toutes sortes d'expédients pour parvenir jusqu'à eux.

S'il faut en croire les contemporains indigènes, elles poussèrent la dépravation jusqu'à conduire ces étrangers près de leurs maîtresses quand elles-mêmes avaient cessé de leur plaire. Elle découvraient les cachettes où les émirs avaient enfoui leurs trésors[1], trahissaient allé-

---

1. Les mameluks avaient enfoui une grande partie de leurs richesses. Bonaparte ordonna des fouilles autour des maisons abandonnées par leurs propriétaires. Le général Alexandre Dumas, ayant découvert un véritable trésor, écrivait à Bonaparte : « Le léopard ne change jamais de taches, ni moi de caractère et de principes. Comme honnête homme, je ne dois qu'à vous la confidence que je vais vous faire. » Et, expliquant la valeur de sa trouvaille, il ajoutait : « Je l'abandonne à votre disposition ; souvenez-vous seulement que je suis père et sans fortune. » Il était père, en effet, de celui qui devait être l'auteur des *Trois Mousquetaires* et de tant d'autres chefs-d'œuvre.

grement les secrets de famille, renseignaient les officiers sur tous les points qui les intéressaient.

La licence la plus grande se propageait, malgré les soins de Bonaparte : les officiers et les soldats auraient eu mauvaise grâce à repousser des avances faites de si aimable façon. Ils ne l'essayèrent point, et, dès la seconde année, chacun avait son ménage. C'était encore le meilleur moyen d'apprendre l'arabe [1].

Seuls les savants gardaient une sage retenue; pour eux, la plus séduisante Circassienne ou la plus amusante négresse, la plus fine Égyptienne comme la Grecque la plus sculpturale, ne valait point la reine Hatasou ou la dame Isénophré, dont ils cherchaient les images, dont ils apprenaient la vie, sur les pierres des sarcophages ou les murs polychromes des hypogées. Ils ne voyaient rien des choses vivantes qui les entouraient. L'Égypte leur apparaissait à travers le voile d'or des légendes ; ils souhaitaient seulement déchirer ce voile, éclaircir les troublants mystères de ce passé merveilleux, qu'ils devaient les premiers nous rendre accessible grâce à leurs patientes recherches.

---

[1]. Les almées du Caire étant presque toutes vieilles et laides, nos officiers furent bientôt désenchantés de leurs libertines provocations. — Documents inédits.

Les autres, officiers, ingénieurs, peintres, musiciens, etc., pouvaient bien chercher à distraire les longues heures de l'exil par quelque rencontre amoureuse, eux se trouvaient suffisamment récompensés et satisfaits quand la découverte d'une momie venait ajouter un renseignement utile à la liste déjà longue de leurs observations.

Bonaparte s'intéressait à tout. Mais cependant l'amour qu'il portait à la science n'empêchait point sa robuste jeunesse de reprendre par instant ses droits.

Ni les grâces de la fille de Beckry ni surtout les charmes trop opulents des femmes choisies par les cheiks et offertes par eux afin de lui composer un harem n'avaient pu suffire à lui faire oublier la grâce ondoyante, l'esprit léger des Parisiennes.

Et voici qu'à une soirée de Tivoli il rencontra Pauline Fourès.

Par le bénéfice des comparaisons, la grisette française lui parut exquise. Son mariage avec l'officier Fourès avait fait une dame de la petite modiste de Carcassonne. D'une beauté attirante, Pauline possédait ce don redoutable qui de la plus humble peut faire en un jour une grande dame. Elle plaisait aux hommes au point de les affoler. Sa peau laiteuse, ses yeux clairs, sa démarche voluptueuse et son air de petite fille sage attiraient les convoitises des mâles, comme la glue attire les passereaux.

Bonaparte ne tarda pas à afficher sa liaison avec cette aimable jeune femme de telle façon que bientôt personne dans l'armée ne l'ignora plus...

Mécontent d'avoir à se déranger pour aller la retrouver dans l'intérieur de la ville, n'osant l'installer ouvertement chez lui, il concilia son impatience amoureuse et ses scrupules en lui meublant une maison tout près de la sienne, sur le Birket-el-Ratle. Il ne craignit pas de se montrer avec elle dans la superbe calèche dont la sortie périlleuse continuait à provoquer l'émerveillement et la stupéfaction de la foule. Ici se place un fait tout à l'honneur de la délicatesse de cœur du général.

On sait que ses nouvelles amours n'étaient pour lui qu'un délassement, une sorte de dérivatif aux soucis cuisants que lui causait l'indifférence de Joséphine, sa légèreté reconnue par tous.

Bien des maris à sa place n'eussent plus rien ménagé.

Cependant, Eugène, le fils de l'épouse infidèle, était près de lui, Eugène, aussi tendre fils que beau-fils respectueux. Le jeune homme ne tarda pas à être renseigné sur les relations existant entre la belle Pauline et son beau-père. Son cœur en fut péniblement affecté. Quoique très au courant des inconséquences d'une mère frivole autant qu'exquise, mais profondément chérie, il souffrit cruellement de la voir trahie. Ses mémoires ne nous laissent aucun doute à ce sujet.

« Obligé par mon service d'accompagner le général, qui ne sortait jamais sans aide de camp, je m'étais vu déjà une fois à la suite de cette calèche, lorsque, ne pouvant plus tenir à l'humiliation que j'en éprouvais, je fus trouver le général Berthier pour lui demander à passer dans un régiment. Une scène assez vive entre mon beau-père et moi fut la suite de cette démarche, mais il cessa dès ce moment ses promenades avec cette dame. »

Ainsi, pour éviter une peine au jeune comte de Beauharnais, Bonaparte renonça à un des rares plaisirs que la vie du Caire pouvait présenter. Nul doute qu'il n'eût eu à subir à ce sujet les reproches de la capricieuse maîtresse, qui savait fort bien dicter ses lois à celui qui dictait les siennes à toute l'armée.

Il est à prévoir aussi qu'il lui offrit en échange quelque solide compensation.

Cependant cette liaison, pour si chère qu'elle

parût au futur empereur, n'était ni si bien établie ni si forte qu'elle dût résister à l'épreuve du départ. Pour Bonaparte, il est probable que, la première ivresse passée, il ne vit plus en sa maîtresse que « la petite sotte qui n'était même pas capable d'avoir un enfant ».

On sait que le désir d'être père fut la constante marotte de Bonaparte. J'ai recueilli, au sujet de Pauline Fourès des documents assez curieux touchant les tentatives qu'elle fit au Caire pour donner un enfant au général en chef.

Il existait, il y a une cinquantaine d'années, au fond du vieux Caire, une femme qui se disait la fille de la cheika *Affifa*. Cette cheika Affifa tenait boutique de rebouteuse et exerçait le métier de sage-femme et de marchande de filtres à l'époque de l'occupation française. Elle habitait une sorte d'échoppe, près de l'emplacement où s'éleva, par la suite, la maison du colonel Sève (Soliman-pacha).

Cette femme avait reçu la visite de celle que les Arabes du Caire appelaient *Sett-el-Sultan-Kébir* (la dame du grand sultan). Pauline Fourès était allée trouver cette femme sur le conseil de quelques Égyptiennes. Elle avait accepté de se soumettre durant des semaines aux incantations plus ou moins diaboliques, consenti à avaler les breuvages nauséabonds, subi les frictions aux pommades fabriquées par les mains expertes de la sorcière musulmane, graisse d'ours, moelles de chameau, etc...

Mais le résultat s'était montré complètement négatif.

Affifa n'avait pas su mériter les sacs de piastres que généreusement la petite Française lui donnait chaque semaine. Et la fille de cette femme avait coutume de répéter en racontant l'histoire : « Que voulez-vous, ma mère ne pouvait pas être plus forte que le destin ! Si l'enfant était venu, il eût été *haram* (l'enfant du péché). Allah ne l'a pas laissé venir ! »

Et pour cela peut-être Bonaparte passa Pauline à Kléber à l'heure de son départ [1].

---

1. *Histoire scientifique et militaire de l'expédition d'Égypte,* d'après des documents inédits.
Cette heure, Pauline ne l'entendit pas sonner. Bonaparte, déjà las de sa conquête, ne se souciait guère de l'emmener avec lui. Il n'est même pas très sûr que la jeune femme ait été mise au courant des projets du général, témoin ces détails pris au récit d'un contemporain : « La veille du départ du Caire fut aussi marquée par quelques circonstances qui ne trompèrent pas les esprits sagaces. Vers les huit heures du soir, Bonaparte se promenait dans son jardin de l'Esbékieh ; Monge, Bertholet et plusieurs membres de l'Institut étaient auprès de lui, et dans une allée contiguë cheminait madame Fourès, habillée en hussard. Les préparatifs se faisant attendre, il fallut tromper les heures, éloigner les soupçons. Alors Bonaparte ouvrit lui-même une discussion scientifique et poussa sur ce terrain Bertholet et Monge, dont il redoutait la joie indiscrète ; de temps

Les soldats avaient surnommé la nouvelle conquête du général « Belilotte », de son nom de fille Belille, puis « Lilotte », enfin, par dérision, ils la nommèrent ensuite « Notre Dame de l'Orient », quand, son empire se faisant sentir davantage sur Bonaparte, elle commença à vouloir commander à tout le monde autour d'elle, en vraie courtisane sûre de ses charmes.

Remarquez que les hommes de cette époque incroyante ont la rage des termes pieux. Ils donnent aux femmes à la mode les noms qu'ils ont pris à la religion. Les madones sont remplacées par les merveilleuses. Ils appellent Pauline Fourès « Notre Dame de l'Orient », Joséphine « Notre Dame des Victoires! » Mme Tallien « Notre Dame de Thermidor ».

Il n'y eut cependant pas que des coquettes et des hétaïres parmi les femmes de l'armée d'occupation.

On sait que Bonaparte avait autorisé quelques officiers à emmener avec eux leurs compagnes en terre égyptienne. C'étaient, pour la plupart, de petites bourgeoises, véritables Françaises de l'ancien régime, seulement soucieuses du bon-

---

à autre, pour avoir l'air comme en ses jours ordinaires de s'occuper de tout, il allait vers Mme Fourès, lui donnant quelques petits soufflets d'amitié et lui disant avec une gaîté bien capable d'éloigner tout soupçon : « Voilà, ce me semble, un petit hussard qui m'espionne. »

heur de leur mari et de la tranquillité du foyer. A celles-là, les succès de Mme Fourès ne portaient guère envie. Elles trouvaient scandaleuses les attitudes de l'ancienne modiste de Carcassonne et ne se gênaient pas pour le déclarer. Elles se montrèrent, durant toute la campagne, de véritables sœurs de charité, soignant les malades, pansant les blessés, réconfortant les mourants, avec ce don magnifique de soi-même que seules les femmes savent mettre dans les actes les plus simples et qui, pour ces malheureux frappés hors de leur pays, démoralisés par la nouveauté des choses qui les entouraient, semblait le meilleur des baumes.

Plus tard, quand, l'installation devenue complète, l'acclimatation se produisit, les soldats rassérénés n'oublièrent point leurs gentilles infirmières, et, comme ils avaient maintenant de l'argent de reste, ils se montraient généreux. Chaque fête leur était une occasion de prouver leur reconnaissance aux femmes des officiers. On les voyait de grand matin courir les jardins de la ville, saccager les fleurs et les fruits pour en faire des corbeilles, qu'ils allaient offrir aux dames, avec de jolis compliments conçus en style pompeux par le plus savant de la compagnie.

Parmi les Européennes qui rivalisèrent de zèle pour améliorer le sort des soldats et relever leur courage aux heures mauvaises, il faut placer en première ligne Mme Verdier [1].

Italienne de naissance, mariée fort jeune au général Verdier, cette femme, merveilleusement belle, avait suivi son mari en Égypte un peu malgré lui. Le général redoutait mille périls pour sa compagne, dont les charmes indéniables pouvaient créer autour de lui toutes sortes de périls. Mais la grâce de Mme Verdier, sa beauté souveraine, n'avaient d'égale que sa profonde vertu. Elle ne craignait pas plus les galants que les batailles. Elle s'était embarquée à Toulon à la faveur d'un déguisement masculin, avait fait à fond de cale une partie de la traversée, et, un matin, on avait eu la surprise de la voir paraître sur le pont, souriante et paisible, comme au sortir de sa chambre de Paris. Durant tout le reste du trajet, elle n'avait pas manifesté la moindre humeur, exprimé le moindre regret de sa généreuse folie.

Ce fut surtout durant les marches de la campagne de Syrie qu'elle montra de quelle résistance et de quelle bonté une femme peut se montrer capable aux minutes redoutables.

---

[1]. Mme Verdier chantait sous le nom de *la Bianca* quand Verdier la vit au théâtre, lors de la campagne d'Italie. J'ai vainement cherché à Milan des renseignements plus précis sur sa naissance et son mariage. — Note de l'auteur.

On sait qu'une grande partie des soldats atteints d'ophtalmie purulente (maladie endémique en Égypte) étaient devenus complètement aveugles[1]. Ces malheureux, dans l'impossibilité où ils se trouvaient de recevoir des soins et dans la crainte épouvantable des attaques de Bédouins infestant les routes, suivaient l'armée. Ils marchaient les yeux éternellement éteints, ne devinant la lumière qu'à la brûlure intense que sa chaleur mettait sur leurs fronts et leurs paupières saignantes. Ils se traînaient en gémissant en compagnie des pestiférés que l'on n'avait pas voulu abandonner aux représailles de l'ennemi. Parfois, l'un d'eux s'affaissait, à bout de forces, et les autres, poussés par les horribles nécessités de la guerre, détournaient la tête et poursuivaient leur route.

Mme Verdier, en cette circonstance, témoigna d'un dévoûment qui passe les bornes de l'admiration. Elle gardait les uns, consolait les autres, donnant son cheval au moins valide, acceptant

---

1. Volney, dans son voyage en Égypte, avait été frappé par le nombre des aveugles : « Ils ne sont que trop communément affligés de la perte de la vue. La cécité y est si commune que, marchant dans les rues du Caire, j'ai souvent rencontré sur cent personnes, vingt aveugles, dix borgnes et vingt autres dont les yeux étaient rouges, purulents et tachés. Presque tout le monde porte des bandeaux, indice d'une ophtalmie naissante ou convalescente. » — *Un savant embarqué sur la flotte française.*

de faire à pied les plus pénibles étapes si, par ce sacrifice, elle savait devoir épargner une souffrance ou soulager les maux d'un être plus faible qu'elle. Toujours vaillante, gardant sur son visage charmant le rayonnement de son âme généreuse, elle était, au milieu des soldats et des femmes corrompues, comme un lys très pur et très droit, qu'aucune souillure, aucun outrage, ne pouvait atteindre. Elle se rendit ainsi semblable à la femme de l'Écriture, dont il est dit : « *Elle tend son bras à l'affligé et avance ses mains aux nécessiteux. La force et la magnificence sont ses vêtements, et elle se rit du jour à venir. Elle ouvre ses lèvres avec sagesse, et la loi de bonté est en son cœur.* »

Cette femme a laissé en Égypte un souvenir impérissable.

Parmi les Français établis au Caire au moment de l'arrivée de nos troupes, se trouvait un négociant de Sainte-Menehould, Louis Caffe[1]. Sa femme, Céleste, venait de lui donner une fille, Marie-Adélaïde. La maison Caffe devint le centre de réunion des Français. Établi d'abord à Rosette, le père ne tarda pas à avoir aussi son logis au Caire. Les femmes françaises trouvèrent chez lui l'hospitalité la plus large.

---

1. Les deux autres étaient MM. Badeuf et Varsy.

Quelques années plus tard, le vicomte de Chateaubriand à son retour de Jérusalem devait aussi apprécier le dévoûment de cette famille. C'est Louis Caffe qui le reçut à Rosette. Il organisa son voyage au Caire sur le Nil et le reçut avec cette amabilité charmante dont tous les Français d'alors gardèrent le souvenir. La petite Marie-Adélaïde, devenue une ravissante jeune femme, était depuis peu mariée à l'historien Félix Mangin, que le vice-roi Mohammed-Aly avait fait venir de France pour tenir une chaire à la nouvelle université qu'il voulait fonder.

J'ai retrouvé au vieux Caire, dans une ruelle du quartier copte, l'humble cimetière, aujourd'hui désaffecté, où repose Mme Mangin. Parmi les vingt-deux tombes subsistant encore, j'ai copié l'épitaphe de la pierre tumulaire qui garde les restes de Marie-Adélaïde, « *fille de Louis Caffe et de Céleste Vidal* [1] ».

Si beaucoup de Turques et d'Égyptiennes

---

[1].   Ici repose
Feue Dame Marie-Adélaïde,
Issue de Louis Caffe et de Céleste Vidal,
Épouse de
Félix Mangin, de Sainte-Menehould, 27 janvier 1809,
Décédée à Ghizeh le 30 avril 1830.
Elle était née au Caire en 1786.
Après une maladie longue et douloureuse, Dieu l'a réunie aux sept enfants que la mort lui a pris. Elle fut une épouse vertueuse.
Son cœur sensible la rendait généreuse.

oublièrent leur devoir à cette époque de trouble et se laissèrent séduire par la belle prestance et les cajoleries des officiers ; il en est cependant quelques-unes qui, par leur attitude envers les vainqueurs et la sagesse indéniable de leur conduite, relevèrent grandement, aux yeux de nos compatriotes, le prestige des Orientales.

Parmi elles, il faut citer tout d'abord le nom demeuré célèbre de Mme Mourad-bey : Nafisseh Hanem [1], comme la nommaient les indigènes.

D'abord achetée comme esclave par Aly-bey Keban-el-Kébir, elle avait su si bien l'attacher à sa personne qu'il ne tarda pas à lui donner la préférence sur ses femmes légitimes. « Il lui construisit une maison magnifique dans le fameux quartier de l'Esbékieh si souvent cité. Cette maison était située exactement dans la rue Abd-el-Hack ; un grand jardin l'entourait. Elle possédait une sakieh et un moulin [2]. »

La beauté, le grand renom de vertu qui s'attachait à Nafisseh, donnèrent à Mourad-bey le désir de la posséder pour son compte. Il fit en vain différentes tentatives à cet effet auprès de l'époux. Mais, celui-ci étant mort après avoir affranchi celle qu'il plaçait au-dessus de toutes

---

[1]. Madame Nafisseh.
[2]. Djabarti, t. VIII.

ses autres compagnes, Mourad-bey entra directement en pourparlers avec Nafisseh devenue veuve. Elle consentit à l'épouser et il la rendit puissante et honorée entre les femmes des émirs.

On s'étonnera peut-être qu'une esclave ait pu arriver à une si haute position sociale, mais il faut savoir que l'esclavage en pays musulman n'a rien de commun avec l'esclavage sous les Romains ou même de nos jours aux îles du nouveau monde. D'après la loi si douce de Mohammed, les esclaves font partie intégrante de la famille. Les maîtres reconnaissent aux enfants qu'ils ont eu d'elles les mêmes droits qu'à leurs enfants légitimes. Souvent, ils épousent la mère, qu'ils affranchissent presque toujours à leur mort. Ces esclaves d'ailleurs — je parle ici des esclaves blanches circassiennes, géorgiennes ou grecques des îles — étaient le plus souvent, à l'époque qui nous occupe, vendues par leurs parents aux envoyés des émirs. Ces pauvres gens, habitants des terres infécondes, ne voyaient dans l'acte qu'ils accomplissaient qu'un moyen sûr de faire le bonheur des enfants qui, chez eux, ne pouvaient trouver qu'une existence misérable, tandis qu'une fille cédée au factotum d'un riche pacha, pour peu que le ciel lui eût concédé quelque grâce, était certaine de parvenir à une brillante situation.

Plus rares se rencontraient les enfants volés à leur famille. Ceux-là, filles ou garçons, étaient exposés nus au bazar des esclaves au vieux Caire, ou sur la place des Consuls, au printemps, à Alexandrie. On venait les y acheter comme une marchandise ordinaire.

Les négresses arrivaient directement du Darfour ou du Hedjaz[1]. Toutes sans exception avaient été ravies à leur tribu, dans ces razzias épouvantables qui de temps en temps décimaient les villages des côtes d'Afrique et l'intérieur de l'Abyssinie.

Une esclave blanche se payait jusqu'à mille guinées turques (26.000 francs); une négresse de trois à cinq mille piastres; un esclave mâle deux mille; un eunuque 1.500 francs[2].

M*me* Mourad appartenait sans doute par sa naissance à quelque famille fort honorable. Toute sa vie a prouvé que l'esclavage pour elle n'avait été qu'une injustice du sort, dont elle avait rapidement eu raison par sa constante supériorité sur tous les êtres qui l'entouraient.

L'arrivée des Français, en bouleversant son existence de grande dame musulmane, ne chan-

---

[1]. Le bazar des esclaves noirs se nommait Djellab. Il se tenait au vieux Caire. La vente des esclaves blancs se faisait au Mouscky.
[2]. Une Abyssine valait cinq noires.

gea rien à son caractère. Elle se montra constamment à la hauteur de la tâche que les événements lui imposaient.

Habile sans obséquiosité, intelligente sans fourberie, aimable sans galanterie d'aucune sorte, elle sut gagner l'estime de tous les camps

Bonaparte disait d'elle que son mérite et ses qualités étaient au-dessus de tout éloge.

On doit attacher une importance particulière à cette déclaration venant du général en chef. On sait que la galanterie était la moindre qualité de Napoléon... Quand il voulait être aimable, les compliments ne sortaient guère d'une impertinente banalité. Témoin cette phrase à Mme Lalande, femme de l'astronome, qui lui plaisait suffisamment pour avoir mérité de s'entendre dire :

— Ah! madame!... Partager une nuit entre une jolie femme et un beau ciel me paraît être le bonheur sur la terre !...

Arthur Lévy, dans son beau livre[1], nous apprend que Bonaparte ne trouvait aucun charme dans les conversations féminines et ne se gênait pas pour dire « qu'il avait toujours détesté les femmes prétendues beaux-esprits ». « Soigner leurs enfants et leur ménage sans se

---

1. Arthur Lévy, *Napoléon intime*.

mêler de ce qui ne les regarde pas, » voilà selon lui ce que les femmes avaient de mieux à faire. Quand à leur ingérance dans le gouvernement, il la repoussait avec une énergie rapportée en ces termes par Rœder : « Il vaut mieux que les femmes travaillent de l'aiguille que de la langue, surtout pour se mêler des affaires politiques. »

Pour que, fort de tels principes, Bonaparte acceptât l'aide et plus d'une fois les conseils de la femme de l'émir, il fallait qu'il eût reconnu chez elle des mérites tout à fait exceptionnels.

Cette femme, dont le courage ne faiblit jamais, s'était dès le premier jour déclarée pour les malheureux et les opprimés quels qu'ils fussent. Profitant du droit d'asile conféré au harem de par la force des choses, elle accueillit les musulmans au moment de l'arrivée des Français et plus tard cacha de même les chrétiens pendant la révolte du Caire. Mettant les devoirs de l'humanité au-dessus des vaines querelles de races et de cultes, elle n'eut en vue, dès le commencement des hostilités, que le soulagement des misères sans nombre qui l'entouraient.

Son âme généreuse ne voyait que des victimes là où la férocité de la guerre ne montrait aux autres que des ennemis. La vie lui semblait plus belle chaque fois qu'elle parvenait à arracher quelque créature à la mort ou à la torture. Cette

Turque musulmane gardait le caractère d'une sœur de charité.

Plusieurs fois elle servit d'intermédiaire entre l'état-major et les notables indigènes. Ce fut elle qui constamment s'interposa pour préserver les femmes des émirs des mesures vexatoires. Elle encore qui fut choisie pour recueillir les impôts dont les familles puissantes étaient frappées. Les biens disponibles ne suffisant point, elle donna l'exemple du sacrifice, vendit tous ses bijoux pour parfaire la somme demandée[1].

« Parmi les bijoux que *Setti Nafissa* abandonna comme contribution de guerre se trouvait une magnifique montre enrichie de diamants. Cette montre avait été offerte à Mme Mourad-bey par M. Magallon, notre consul, en récompense de son dévoûment aux négociants français du Caire. »

Ce fut elle enfin qui négocia avec les indigènes de la part des chefs le pardon des femmes musulmanes qui s'étaient ralliées aux Français.

Quand nos troupes abandonnèrent l'Egypte[2], il fut fait à Mme Mourad-bey une pension men-

---

1. *Histoire scientifique et militaire de l'expédition d'Égypte*, d'après des documents inédits.
2. « Je recommande à vos soins la dame Nefisseh, mère de toutes vertus. » *Lettre de Menou*.

suelle de 100.000 paras, et cela par ordre de Bonaparte lui-même [1]. Le général en chef, devenu empereur, ne parlait jamais de cette noble femme que dans les termes les plus respectueux. Quelques années plus tard, Nafisseh Hanem devait tenir tête à Mohammed-Aly. Aussi le vice-roi, devant lequel tremblait toute la nation, avait-il coutume de répéter à ses familiers que « cette Mme Mourad-bey lui avait donné, à elle seule, plus de soucis qu'un régiment de mameluks ». Pour cela, peut-être, il conservait pour elle une manière de culte. Tandis qu'aux heures de crise les belles odalisques de son palais de Choubrah ne comptaient guère plus pour lui que les gazelles de son jardin, il ne manquait point de faire mander la veuve sagace, qui souvent parvint à le sortir d'une situation critique par la justesse de ses conseils. La veuve de Mourad-bey mourut au Caire en 1820, après avoir doté la ville de nombreuses fondations charitables, entre autres, la fontaine de Bab-el-Zouïela et le *Khan* [2], qu'elle avait fait construire de ses deniers.

Selon la coutume islamique, Nafisseh Hanem

---

[1]. Proclamation de Menou : « *Vous savez aussi que nous avons bien voulu accorder une pension à la mère de toutes les vertus, la digne et honnête dame Néfissa, et cela selon la conduite adoptée par les Français à l'égard de leurs fidèles.* »
[2]. Marché.

avait affranchi et marié toutes ses esclaves, ce qui faisait dire à un chroniqueur de l'époque que presque toutes les jeunes femmes des émirs et des beys étaient les esclaves de Mme Mourad-bey. Aussi conserva-t-elle une influence, une autorité qu'aucune autre femme n'a pu conquérir après elle.

On la consultait sur tout. Pas une résolution un peu sérieuse n'était prise, pas un événement accompli, pas un mariage décidé, sans que l'un des membres de la famille n'allât trouver Nafisseh Hanem afin d'obtenir son avis. Sa clairvoyance peu commune n'avait d'égale que son extrême bonté : toujours prête à obliger ses amis, elle disait souvent que l'unique façon de jouir de la fortune consistait à en faire profiter les autres, car l'avare et l'égoïste, eussent-ils leurs coffres remplis d'or, lui semblaient plus pauvres que le dernier des mendiants, puisque leur cœur demeurait vide et que les hommes se détournaient d'eux. Mme Mourad joignait à tant de mérite celui non moins appréciable pour l'époque d'être assez instruite pour lire et écrire couramment l'arabe et le turc et faire ses comptes elle-même... Pour cela aussi, le peuple d'ignorantes qui l'entouraient eut souvent recours à elle.

Au moment de l'occupation française, madame Mourad-bey avait été aidée dans sa tâche par plusieurs femmes de la société égyptienne.

Parmi elles se trouvaient Adila Hanem, fille d'Ibrahim-bey, si souvent nommé dans les ouvrages qui traitent de la campagne d'Égypte. On sait qu'à l'arrivée des Français deux beys supérieurs à leurs collègues dominaient l'Égypte : le pacha représentant le sultan n'avait autour de lui qu'un nombre tout à fait minime de janissaires. Le sultan Sélim, très au fait des intrigues de ses officiers et sachant quelle richesse l'Égypte pouvait apporter à son empire, avait volontairement restreint la puissance de son mandataire sur les rives du Nil. Comme contrepoids à l'autorité du pacha, il avait créé la milice des mameluks.

Ces mameluks obéissaient à vingt beys, qui en possédaient chacun cinq ou six cents. Chaque bey recrutait sa bande, soit de ses propres enfants mâles, soit de jeunes esclaves circassiens; avant de mourir, il la léguait à un des fils ou à un mameluk favori. Les mameluks vivaient ou du progrès des terres appartenant à leurs beys ou du revenu des impôts qu'ils avaient établi sous toutes les formes. Les Coptes étaient leurs percepteurs et leurs agents d'affaires, se trouvant aussi les seuls capables de savoir lire, écrire et compter.

Les beys se détestaient entre eux et se trouvaient divisés par d'incessantes querelles. Les droits appartenaient au plus fort.

Mourad et Ibrahim, plus cultivés, plus intelligents que les autres, avaient enfin partagé le sceptre de la domination. L'un, Ibrahim, avait pour lui la richesse, la puissance; Mourad l'ardeur, l'intrépidité, la bravoure. Aussi, par un accord qui ne se démentit jamais, Ibrahim avait accepté les fonctions civiles, tandis que toutes les choses militaires dépendaient de Mourad. On juge par cet énoncé de l'orgueil qui devait gonfler la poitrine des enfants nés de tels chefs.

Adila Hanem était la fille d'Ibrahim. La mère se nommait Zouleïka. Adila avait pour frère Marzourk, surnommé le borgne [1], et déjà mameluk [2] d'Ibrahim-bey. Ces enfants avaient été vendus aux enchères, par ordre des Turcs, au moment de la première révolte des mameluks; mais, protégés par leurs propres esclaves, ils avaient pu fuir à temps.

---

1. C'est grâce à cette infirmité que Zouleïka put reconnaître le corps de son malheureux fils lors du massacre des mameluks ordonné par Mohammed-Aly quelques années plus tard. A grand'peine la mère obtint le droit d'emporter le cadavre et de l'ensevelir.

2. Mameluk vient du verbe malaka. Mameluk signifie « celui qui est possédé », autrement dit l'esclave. Ce mot ne s'appliquait qu'aux blancs. Les hommes de couleur se nommaient *abd* (esclave noir).

Adila avait épousé Ahmed-bey-el-Elfy, sandjack mameluck, le même qui se rendit plus tard en Angleterre et dont Bonaparte occupa la maison au quartier de l'Esbékieh.

Le mariage d'Adila Hanem donna lieu à des fêtes d'une splendeur telle que même encore de nos jours on peut entendre les vieilles femmes turques en Égypte s'écrier devant un spectacle sortant de l'ordinaire : « C'est beau comme le mariage d'Adila Hanem! ».

Les époux avaient reçu des cadeaux dont le prix eût suffi à acheter une ville tout entière. La variété des présents ne le cédait en rien à la qualité. On voyait, à côté d'un fauteuil entièrement en or, une girafe vivante et un troupeau de gazelles. Les colliers de perles voisinaient avec les sacs de maïs et de riz. Les paysans (fellahs) ne demeuraient point en arrière de leurs maîtres.

Les mameluks étaient redoutés. Il fallait leur plaire par tous les moyens : l'on sait que de tout temps les petits cadeaux entretiennent l'amitié. D'ailleurs les mameluks, dont la rapacité est devenue proverbiale, ces hommes dont le voyageur Volney écrivait en 1787 : « Les mameluks, cette milice d'esclaves devenus despotes, qui depuis plusieurs siècles régit les destinées de l'Égypte, » ces mameluks furent encore surpassés par les premiers vice-rois dans l'art de se faire entretenir par le peuple.

Le vieux Djabarti, source inépuisable de renseignements sur cette époque, raconte que, sous le règne de Mohammed-Aly, des hérauts passaient dans les maisons pour annoncer le mariage des princesses. Chaque femme d'émir ou de bey devait envoyer un présent. Si ce présent ne semblait pas mesuré à la fortune de celle qui l'offrait, on le lui renvoyait en lui faisant comprendre qu'on attendait mieux à la cour de sa générosité.

Il fallait s'exécuter sous peine des pires humiliations... Ces noces d'ailleurs constituaient déjà au temps des mameluks de véritables réjouissances publiques.

A part le mariage d'Adila Hanem, on cite encore celui de Fatma Hanem, fille d'Ismaël-bey. Le pacha Mohammed-Izza, mandataire du sultan, ayant consenti à se déranger, fut reçu à la porte de la demeure nuptiale (rue Keysoum) par tous les émirs, tenant en mains des brûle-parfums et des porte-essences. Tous restèrent devant lui pendant le repas et la cérémonie. La mariée épousait Ibrahim Aga, dit Kechta Khazendem el-mameluk et attaché à la milice de son futur beau-père, Ismaïl-bey.

Adila Hanem, accoutumée à tous les honneurs, se trouva, plus encore que Mme Mourad-bey, desespérée de l'espèce de déchéance où la défaite de leurs maris les condamnaient. Moins âgée, encore très belle, Adila Hanem fut-elle un instant tentée par les avances respectueuses que lui firent les officiers ?... Les historiens indigènes le nient absolument. Pourtant sa jeunesse resplendissante, les folies sans nom de l'époux, parti sans même lui donner signe de vie, la plaçaient dans une situation plus favorable à l'intrigue, excusaient bien des faiblesses... Mais il faut croire que la tentation ne dura guère. Mme Mourad veillait... Pour cette créature extraordinaire, les épouses des beys comme celle de César ne devaient pas être soupçonnées. Elle prit chez elle la charmante femme d'Elfy-bey et fit bonne garde auprès d'elle.

Aussi, quand vint le moment de percevoir les impositions, Adila dut accompagner Nafisseh chez les autres femmes indigènes et recueillir les sommes nécessaires.

Des janissaires les conduisaient et gardaient les portes du harem de Mme Mourad-bey jusqu'au versement total.

Dans la constitution qui fut prélevée après la seconde révolte du Caire, chaque corporation était portée pour une somme de trente à quarante mille talaris [1].

On n'oublia même pas les saltimbanques ni les montreurs de serpents.

Malgré tout leur zèle les pauvres femmes ne purent réunir les sommes relativement exhorbitantes qu'on leur réclamait. Beaucoup d'entre elles imitèrent l'exemple de Mme Mourad-bey et vendirent tous leurs bijoux. Mais Djabarti déclare que l'argent était rare. « Les acheteurs se montraient peu nombreux à cause de la misère du peuple. »

Malgré les attaques de quelques chroniqueurs peu indulgents, Adila Hanem se montra digne en tous points de la confiance que Mme Mourad-bey avait mise en elle. Son nom demeurera parmi ceux des plus zélées à défendre la cause des opprimés en ces époques de trouble. La conduite des femmes fut en la circonstance de beaucoup plus brave que celle de leurs maris, qui s'étaient empressés de fuir dès l'annonce de la première défaite.

Leur lâcheté trouva d'ailleurs son premier châtiment dans la perte de leurs biens.

Bonaparte ayant fait fouiller les maisons des fugitifs, Djabarti assure que « l'on n'eut aucune

---

1. Le talari vaut cinq francs.

peine à découvrir les trésors des mameluks, car presque partout les serviteurs ou les esclaves de ces mameluks les dénonçaient aux Français et découvraient leurs cachettes ».

Adila Hanem avait été aidée dans sa tâche pacificatrice par sa mère Zouleïka. Celle-ci, moins en vue peut-être que Mme Mourad, surtout moins instruite, se montra également dévouée aux intérêts de ses sœurs musulmanes et se donna complètement au ministère qu'elle s'était volontairement octroyé. Sa maison devint le centre des réunions indigènes. Tandis que sa propre fille cherchait un refuge auprès de Mme Mourad-bey, Zouleïka reçut chez elle toutes celles qui devaient demander asile à la femme de leur bey. Elle ne fut point la rivale, mais l'initiatrice de Nafisseh Hanem. Toutes deux se souvenaient que leurs maris avaient constamment su s'entendre et partager entre eux une suzeraineté particulièrement difficile en ce pays où l'intrigue régnait constamment en souveraine, et la défaite les trouva unies comme elles l'avaient été à l'heure de leur grandeur. La première, Zouleïka avait donné l'exemple de la générosité envers nos compatriotes.

Mourad avait frappé les Français établis au Caire d'une amende de 6.000 pataques (20.000 francs) et les avait fait enfermer à la citadelle. Sa première idée avait été de leur faire trancher la tête dès l'annonce du débarquement de nos troupes. Deux interventions sauvèrent alors nos malheureux compatriotes. D'abord celle de M. Charles Rossetti, riche Vénitien, très estimé en Égypte et en grande faveur auprès du bey[1]. « A quoi bon ce meurtre ? dit-il à Mourad... Si tu es vainqueur tu es toujours le maître d'agir après la victoire, si au contraire tu te trouves vaincu, prends garde aux représailles de ces Français si tu immoles sans raison leurs compatriotes... »

Le bey se rendit à ces raisons. La seconde personne qui s'entremit en faveur de nos nationaux fut Setti Zouleïka, épouse d'Ibrahim-bey. Descendante du prophète, jouissant d'une renommée de vertu telle que nul n'eût osé soupçonner aucun de ses actes, Zouleïka demanda et obtint l'autorisation d'emmener les Français prisonniers du bey chez elle dans sa résidence de Khodaria, où ils trouvèrent les soins les plus attentifs et l'hospitalité la plus généreuse.

Un jour qu'un cheik fanatique avait émeuté la populace autour de sa demeure, sommant la

---

1. Au départ de Bonaparte il était dû au citoyen Rossetti 3.222.12 pour fournitures faites à l'armée lors de son passage à Ramanieh. *(Aperçu des sommes dues au 6 fructidor an VII.)*

bonne hôtesse de livrer ses protégés, elle eut le courage de répondre : « Allez combattre ceux qui s'avancent vers nous... Les pères de famille que je garde ici sont sous la protection de Dieu : malheur à qui oserait y toucher[1]!... »

Parmi les Français enfermés à la citadelle se trouvaient Louis Caffe, de Sainte-Menehould, MM. Baudeuf, Varsy et Walmar (Suédois).

Enfin, admirable exemple du courage et de l'amour maternel, Zouleïka, alors âgée et dépourvue de tout prestige, osa ce qu'aucun homme n'avait tenté. Seule entre tous, elle alla réclamer et rechercher le cadavre de son fils, frappé par ordre du vice-roi, avec les autres mameluks, lors du fameux massacre, qui demeure l'unique tache du règne glorieux de Mohammed-Aly.

Tandis que les grandes dames, les bourgeoises et les esclaves blanches et noires s'assimilaient plus ou moins les mœurs des vainqueurs et prenaient contact avec eux, il est à remarquer que les femmes fellahas, plus à même pourtant de fréquenter les Français, ne changèrent pour cela aucune de leurs coutumes. L'occupation passa sur elles sans les effleurer.

A Rémerieh les femmes indigènes opposèrent

---

[1]. *Histoire scientifique et militaire de l'expédition d'Égypte*, d'après des documents inédits.

une résistance forcenée à l'entrée de nos soldats. Sans se laisser effrayer par les grenadiers et les dragons commandés par le chef de brigade Lefebvre, elles aidaient leurs maris et leurs frères à recharger leurs mousquets, donnaient elles-mêmes des coups de pique et de fourche, jetaient des pierres, des briques, des matériaux de toutes sortes aux envahisseurs. Enfin, désespérées devant l'inutilité de leurs efforts, elles se précipitaient dans la rue du haut des terrasses, peu élevées d'ailleurs, et sautaient comme des lionnes au cou des soldats, qu'elles essayaient d'étrangler de leurs mains nerveuses, sans chercher un instant à se dérober aux coups qui les couchaient une a une mortes sur la place. Le général Figuière, qui commandait l'expédition, assurait que les femmes de ce village lui avaient donné plus de mal qu'un régiment. Elles gardaient devant les soldats leurs attitudes habituelles. Ils ne parvinrent pas à leur faire abandonner leur borgho... Elles ne se gênèrent pas davantage en leur présence à exhiber leur poitrine en forme d'outres ou leurs mollets toujours nus.

Mais ici encore les écrivains français de l'époque ont exagéré en montrant les Égyptiennes du peuple comme des modèles d'impudeur. En réalité, je ne pense pas que les fellahas aient pu tellement changer en cent ans. A part quelques malheureuses folles, pour lesquelles il n'existait alors aucun asile et qui couraient les rues à demi nues, les voyageurs n'ont vu à coup sûr que les petites filles dépourvues de vêtements. Les jeunes filles et les femmes mariées ne se seraient pas risquées à sortir sans la *habarra*, qui depuis si longtemps enveloppait celles de leur race.

Lebrun, qui traversa l'Égypte sous le règne de Louis XIV, raconte que dans la Haute-Égypte, à la fin du siècle, et même dans le Delta, il suffisait, de son temps, de jeter au Nil quelques pièces de monnaie pour voir les femmes du peuple se jeter à l'eau sans le moindre voile, ne gardant en fait de costume que tout juste le lambeau d'étoffe qui leur couvrait la face. Ceci est de la pure fantaisie. J'ai vu, il est vrai, dans les villages les plus reculés, les fellahas se baigner nues et laver leurs vêtements par les beaux clairs de lune, mais elles avaient grand soin d'attendre pour cela que tous les hommes du village fussent endormis, et, quand les vêtements, pantalon et galabieh, ne se trouvaient pas suffisamment secs, elles les remettaient tels quels plutôt que de traverser la berge sans costume.

Leurs sœurs de 1798 n'étaient pas si différentes d'elles pour avoir agi autrement. Je pense au contraire qu'elles se voilaient davantage devant les Français que devant n'importe quel autre homme de leur race.

Ce voile, à l'époque de l'occupation, fut la source d'une aventure bien amusante. Une certaine femme, nommée Rockija, était parvenue à acquérir un grand renom de sainteté. Les harems se disputaient l'honneur de sa visite. Elle se déclarait *cheika*, prédisait l'avenir et vendait des talismans. Bien entendu sa grande piété lui interdisait de se montrer aux maris.

Or, un jour qu'elle était installée dans une des maisons les plus renommées de la capitale, cette femme tomba malade et mourut avant que l'on ait pu songer à appeler un médecin. Ce fut un événement. Toutes les dames du Caire voulurent la voir et vinrent baiser ses mains, dispensatrices de grâce et pour toujours inertes.

Mais quand arriva le moment de la dernière toilette, alors que, selon l'usage musulman, les laveuses des morts arrivèrent pour remplir leur pieux office, une fois la cheika dévêtue, on reconnut que c'était un homme... Stupeur!...

On fouilla dans les poches de ses vêtements et l'on trouva un rasoir, une pince à épiler et des formules cabalistiques. Personne ne sut jamais le nom véritable de l'imposteur, qui, sous la faveur du voile, avait pu si longtemps tromper la crédulité publique.

Au siège de Mansoura, les Français, traîtreusement attaqués par le cheik Abou-Kourah, chef de la tribu des Bahrites, se réfugièrent dans une maison amie. Mais les femmes indigènes, du haut des terrasses, excitaient par leurs cris sauvages la fureur des assaillants. On mit le feu aux murs de l'Okelle, servant d'asile aux Français. Ils se sauvèrent à demi brûlés pour tomber la baïonnette en avant sur leurs ennemis, qui, dix fois plus nombreux qu'eux, les mirent en pièces.

Les Arabes n'épargnèrent qu'une jeune fille de douze ans et sa mère, femme d'un dragon de l'armée de Bonaparte. Le chef Abou-Kourah acheta l'enfant pour la somme de 100 talaris (cinq cents francs). A peine en possession de l'objet de sa convoitise, le cheik l'épousa devant le cadi et l'obligea à embrasser l'islamisme. Elle n'eut pas à se repentir de sa nouvelle situation. La petite Française, devenue l'épouse d'un chef de tribu, se révéla remarquablement intelligente. Elle ne tarda pas à prendre une très grande influence dans le milieu si étrange où le sort l'avait placée. Son mari étant mort en 1808 en lui laissant quatre fils, elle fut nommée tutrice de ses enfants et sut gagner l'estime des commandants de sa province. En 1836, un voyageur français put la voir encore. Elle occupait alors parmi les populations de la Charkieh une situation tout à fait prépondérante, et les Arabes avaient recours à elle dans toutes leurs difficultés.

TROISIÈME PARTIE

———

L'Égypte
au temps de Kléber

TROISIÈME PARTIE

L'ÉGYPTE AU TEMPS DE KLÉBER

URANT l'expédition d'Égypte, certaines femmes, françaises ou indigènes, exercèrent une heureuse influence sur l'esprit de nos soldats. Il appartenait à une autre femme — anglaise celle-là — de porter le coup fatal aux visées de Bonaparte et de jeter par ses intrigues le découragement et le désespoir dans l'âme des officiers.

La bataille navale d'Aboukir devait être funeste à la France, de toutes manières. Pour ces hommes ivres de gloire, habitués à ne rencontrer sur leur route que triomphes, à ne récolter que lauriers, elle constituait le premier échec, la première désillusion. Et cette désillusion leur venait en terre étrangère, alors que tout, autour d'eux, contribuait à les surprendre et à les effrayer. Les sites du pays nouveau, les mœurs un peu sauvages et le langage, incompréhensible à tous, achevaient de porter le trouble dans leurs âmes tourmentées.

On sait que l'amiral Nelson, ignorant où il se trouvait des agissements de l'armée de Bonaparte, découragé par ses premières recherches autour d'Alexandrie deux jours avant l'arrivée de la flotte française, avait cherché vainement à rencontrer et à poursuivre un ennemi insaisissable...

Il fallut, pour le malheur de nos capitaines et la perte de nos vaisseaux, que lady Hamilton se trouvât précisément à Naples à l'heure même ou Nelson venait y chercher les renseignements nécessaires à l'accomplissement de ses projets de conquête. On sait l'histoire de cette femme, dont la beauté rayonnante, le charme souverain, firent la perte de tant de nobles cœurs. Humble servante de cabaret, lady Hamilton avait su prendre sa place dans la meilleure société de Londres. Mariée au débonnaire Hamilton, qu'elle conduisait au fil de sa volonté, elle exerça sur cet homme faible un pouvoir sans bornes. Mais ce pouvoir s'étendit plus loin. Après tant d'autres, l'amiral Nelson avait apprécié, lui aussi, les charmes de l'enchanteresse. Plus qu'aucun peut-être il subit son joug, dont il ne parvint d'ailleurs jamais à se libérer. Pour une fois la terrible femme lui fut propice. Désirant fixer à son char pour toujours ce capitaine, homme redoutable, elle souhaita se l'attacher par les liens d'une éternelle reconnaissance. Elle le connaissait bien. Il était de ceux qui ne se reprennent point quand ils se sont une fois donnés. Tandis que la Cour se montrait hésitante, lady Hamilton, qui avait su se rendre indispensable à la reine de Naples, obtenait par ses prières et ses larmes tous les renseignements, toutes les indications nécessaires aux plans de l'amiral, son compatriote et son amant. Nelson, fort de ce qu'il avait appris, reprenait avec sa flotte la route d'Égypte. On sait le reste.

Il ne m'appartient pas d'entrer ici dans les détails de cette bataille d'Aboukir, qui, si longtemps, resta présente aux esprits français comme une des plus douloureuses pages de notre histoire. Nul doute que de ce fait Bonaparte n'ait conçu la première idée du retour... La flotte détruite, c'était aussi, pour lui, la perte de ses plus chers espoirs. Comment rapatrier ses soldats?... Comment surtout poursuivre la série des conquêtes qui pouvaient, par une autre voie, ouvrir à son ambition démesurée la route des Indes?...

Cependant, Aboukir ne devait pas être constamment funeste à nos armes.

« Au moment où Ibrahim et Mourad [1], définitivement vaincus, se retiraient au désert, désespérant de voir arriver les secours promis par la Turquie, Bonaparte recevait de Marmont un avis lui annonçant qu'une flotte de cent treize voiles, dont treize vaisseaux de soixante-quatorze, neuf frégates, dix-sept chaloupes canonnières et soixante-quatorze bâtiments de transport, venait d'entrer dans la rade d'Aboukir.

« Cette flotte avait été retenue dans les parages de l'île de Rhodes par le mauvais temps.

« L'ennemi, d'après le mouillage qu'il venait de choisir, comptait opérer son débarquement sur la presqu'île qui forme la rade où l'escadre française avait été détruite en 1798. Or, cette presqu'île et le lac Madieh étaient défendus par un fort. Ce fort, écrivait Marmont, était bien armé, bien approvisionné, il avait quatre cents hommes de garnison et pour commandant un officier plein de mérite, il tiendrait au moins cinq ou six jours!... Il n'en fallait pas davan-

---

1. Marcel, *l'Egypte moderne*.

tage à Bonaparte pour aller, sinon s'opposer au débarquement des Turcs, du moins fondre sur eux, pendant qu'ils seraient encore occupés autour du fort, et les empêcher, fussent-ils soutenus par des troupes anglaises, de mettre le pied hors de la presqu'île. C'était une distance de quarante-cinq lieues à franchir, mais combien de fois et avec quel succès Bonaparte n'avait-il pas fait de ces marches extraordinaires en Italie!

« Tel était encore l'effectif puissant de l'armée française au 15 juin 1799. Telle était son habile répartition dans les différentes provinces de l'Égypte, que vingt-cinq mille hommes, dont plus de trois mille d'excellente cavalerie, et soixante pièces de campagne bien attelée, allaient s'ébranler au premier signal et converger sur Aboukir. »

Bonaparte avait donné rendez-vous à ses lieutenants au bourg de Ramanieh, entre Aboukir et Alexandrie, ce même bourg de Ramanieh si cher au capitaine Thurman. Le capitaine explique dans ses souvenirs[1] que « ce petit pays est un point de première importance. Bircket qui le suit est une halte intermédiaire de Ramanieh à Alexandrie. Il protège le canal contre les tentatives des Arabes pour priver d'eau cette dernière

---

1. *Bonaparte en Égypte,* Paris 1902.

ville. C'est un poste d'observation, entre Aboukir, Alexandrie et le Fort-Julien. Il voit ce qui se passe sur le lac Madieh et assure la route d'Aboukir à Rosette, malgré la grande distance. »

Néanmoins, et malgré toute sa vigilance, Bonaparte arriva trop tard. Les Turcs étaient descendus sans peine et déjà occupaient le fort d'Aboukir. Marmont, à qui le général en chef avait adjoint de perfectionner la défense du fort et de raser le petit village d'Aboukir, avait pris sur lui de le conserver et fait simplement établir une redoute pour le protéger du côté de la terre. Faute immense, car la redoute, n'occupant pas toute la largeur de l'isthme, ne présentait pas un ouvrage fermé, et la destinée du fort se trouvait associée à celle d'un simple ouvrage de campagne. Une des causes qui permirent aux Turcs un débarquement aussi facile fut surtout l'opinion que se faisaient d'eux nos officiers, accoutumés aux désordres des troupes des mameluks et à la nonchalance des milices indigènes. Ils eurent le grand tort de juger les Ottomans d'après les Égyptiens, aussi peu guerriers que possible. Les Turcs au contraire, au nombre de vingt mille, tous fantassins, fiers janissaires se servant avec la même dextérité et presque dans le même instant du fusil (sans baïonnette d'ailleurs), du sabre et du pistolet, se montraient braves jusqu'à la folie, orgueilleux jusqu'à la mort et ne redoutant pas plus le corps-à-corps que les embuscades. De plus, pour renforcer leur courage et augmenter leur audace, les assaillants avaient encore l'aide des Anglais, dont le fameux Sidney Smith, acharné à la perte des Français, guidait l'attaque. L'armée française accomplit à ce moment des prodiges de valeur. De part et d'autre le carnage fut indescriptible.

Bonaparte s'étant enfin rendu maître de la place, Murat se couvrit de gloire en pourchassant les soldats ennemis, qu'il délogea de leur camp pour les précipiter sur les baïonnettes de nos propres fantassins. Il pénétra jusque dans la tente de leur chef Mustapha et le somma de se rendre prisonnier. Mais celui-ci, trop fier pour obéir, lui répondit par un coup de pistolet en plein visage. Par miracle, la balle dévia, et Murat ne fut blessé que légèrement au-dessus de la mâchoire inférieure. Il riposta en abattant d'un coup de sabre deux doigts de la main droite à son farouche ennemi et en le faisant prisonnier. Le désordre à ce moment était tel que les Turcs, surpris par une attaque aussi soudaine et violente, essayèrent de regagner leurs embarcations au plus vite. Une grande partie périt dans les flots, les autres tombèrent sur la route de terre au pouvoir de nos soldats.

L'historien Marcel déclare que cette victoire fut, après l'affront que notre marine avait reçu sur cette même plage onze mois auparavant, la revanche glorieuse que prirent nos troupes de terre. Les soldats ramassèrent toutes les tentes des Turcs, tous leurs bagages, toute leur artillerie, parmi laquelle on remarqua deux pièces anglaises que le roi d'Angleterre avait envoyées en cadeau au grand seigneur. Jamais victoire n'avait été si complète, si décisive. Jamais peut-être l'histoire de la guerre n'avait encore offert l'exemple d'une armée ennemie de vingt mille hommes entièrement détruite à vingt hommes près. Jamais, à coup sûr, Bonaparte n'avait montré, même en Italie, plus de sang-froid et plus d'habileté stratégique; avec moins de six mille combattants il venait d'en exterminer vingt mille, et il ne comptait que deux cents morts, il n'avait que sept cents blessés. Vers le soir, Kléber arriva avec sa division. Transporté d'enthousiasme quand il apprit tous les détails de la journée, il courut à Bonaparte, et, le soulevant entre ses bras :

— Général, s'écria-t-il, vous êtes grand comme le monde!...

La bataille avait été livrée le 25 juillet 1799.

Pour bien comprendre la fureur et la vaillance de nos soldats, il faut connaître l'horreur que leur inspiraient les atrocités commises par les Turcs sur les vaincus de la première heure.

Le capitaine Thurman, déjà cité, raconte que les soldats des Ottomans sautaient dans la redoute en se faisant un pont des morts et des mourants. « C'était comme un vaisseau que les vagues en furie inondent de toutes parts. Ils tuent tout ce qui restait et s'occupent à couper des têtes. »

Les prisonniers amenés vivants à bord des vaisseaux ennemis y périrent de fièvre, de faim et de soif, au milieu d'atroces souffrances, en des espaces affreusement restreints et sous une température sénégalienne.

Il est bon de consulter sur cette victoire mémorable les récits du cheik Djabarti, toujours renseigné sur les événements de son temps. Par lui seulement nous saurons les sentiments du peuple égyptien, dont, en la circonstance, plus personne ne s'occupe guère. Il semble en effet que toutes les catastrophes qui s'accumulent à ce moment sur sa patrie malheureuse se passent un peu en dehors de lui. Il subit les disgrâces qu'il n'a point méritées, accepte les faits qu'il n'a point voulus et dont cependant il est appelé à devenir la première et constante victime. Que les Turcs soient vaincus, que les Français règnent ou s'effacent devant d'autres conquérants, il est assuré que, le moment venu de régler les comptes, c'est encore à lui que les autres auront recours. Il faudrait que l'humble bourse de cuir que le pauvre fellah porte précieusement entre sa chemise et sa peau fût singulièrement élastique pour suffire aux nombreux appels que ne manqueraient point d'y faire bientôt les multiples agents du fisc.

Voici en quels termes Djabarti raconte la bataille, qui pour nos troupes constituait un des épisodes les plus glorieux de la campagne d'Égypte :

« La veille du mercredi 20 du mois, on annonçait que les Français avaient défait les troupes débarquées à Aboukir, qu'ils avaient pris possession de cette forteresse, fait un grand carnage de leurs ennemis et pillé leur camp. On ajoutait, en outre, qu'ils avaient fait prisonniers Mustapha-pacha Osman Khodja et plusieurs autres. Les Français confirmaient la nouvelle en déclarant qu'elle leur avait été annoncée par une lettre de leur chef. Le lendemain, aussitôt le jour paru, des salves d'artillerie furent tirées de la citadelle et des autres forteresses, ainsi que de la place de l'Esbékieh. Sur cette place on avait en outre, la veille, tiré un feu d'artifice. »

Djabarti ne semble pas attacher une très grande importance à cette victoire. Après quelques appréciations sur la vie des habitants du Caire en cette semaine de trouble, il ajoute : « La veille du dimanche, 9 du mois, Bonaparte, commandant en chef des troupes françaises, rentra au Caire. Il traînait à sa suite un grand nombre de prisonniers musulmans. Il s'établit dans sa maison de l'Esbékieh. La nouvelle de son arrivée attira beaucoup de monde sur cette place. Les prisonniers étaient rangés debout au milieu de la place, et exposés au regard de la foule. Après avoir passé là une partie de la journée, un certain nombre d'entre eux furent envoyés à la mosquée d'El-Zaher, en dehors de Husseiniah, et les autres à la citadelle. Quant à Mustapha-pacha, le commandant en chef, on ne le conduisit pas au Caire, mais on l'envoya à *Djizah* (Guizah [1]), on l'entoura de toutes sortes d'égards et de soins bienveillants. Osman Khodja fut également gardé à Alexandrie. »

Cependant le cheik ne nous cache point que Bonaparte ne se montra qu'à demi satisfait de la conduite des indigènes en cette circonstance. Sûrs de la défaite des chrétiens, tous les musulmans de la ville s'étaient facilement relâchés de la discipline dans laquelle on les avait accoutumés de vivre depuis une année. Méprisant les

---

1. Ghizeh.

conseils prudents des chefs attachés au divan du général, ils s'étaient laissés aller à une confiance sans borne, escomptant le retour des Turcs et le rétablissement des usages abolis. Ils oubliaient déjà les vexations sans nombre des émirs et les années d'esclavage. L'Islam était le plus fort, quoi qu'en aient pu dire nos compatriotes, trompés par l'apparente soumission du peuple conquis; jamais la masse de la nation n'accepta de bon cœur le joug infidèle. Le moindre sujet lui était constamment prétexte à se révolter.

Ainsi, le cheik Djabarti nous déclare que Bonaparte dit lui-même : Les cheiks Mahdi et Savvi *non bono*, « c'est à dire qu'il n'était pas content de ces deux personnages ».

Pour comprendre la portée de ces deux mots prononcés par Bonaparte en ce moment de colère, il faut savoir que de tout temps le latin d'abord, l'italien ensuite, furent employés en Égypte par les Européens, ignorants de la langue nationale, afin de se faire comprendre des indigènes, qui, presque tous, en saisissent quelques mots. Le général en chef, pensant peut-être que le prêtre Raphaël, chargé de traduire ses discours à mesure qu'il les prononçait devant les Arabes, ne dirait pas assez bien ce qu'il voulait, lui, Bonaparte, leur faire entendre, et de sa voix la plus sévère il prononça ce fameux *non bono* que les autres comprirent très bien.

Ceci frappe les indigènes bien plus que les récits de cette bataille d'Aboukir à laquelle ils n'assistèrent point et qui ne saurait en rien les intéresser.

Pour se rendre compte de leur indifférence, il faut savoir que, même aujourd'hui, bon nombre de fellahs de la haute et de la moyenne Égypte n'ont pas dépassé la limite de leur province. J'ai vu aux environs de Damanhour, qui appartient cependant au Delta, des vieillards n'ayant pas poussé la curiosité plus loin que cette ville, qu'ils nommaient d'ailleurs *El-Balad!* (le pays!) comme si tout le reste de l'Égypte n'existait pas. Quelques-uns ne connaissaient même pas le Nil!... Le canal arrosant leur petit coin de terre représentait à leurs yeux le plus beau fleuve du monde; Alexandrie est longtemps demeurée une cité à peu près inaccessible à l'ambition des humbles d'Égypte, comme un pays lointain et presque fabuleux, duquel on s'entretient à à voix basse, capitale légendaire, où se passent d'extraordinaires événements, où adviennent aux voyageurs d'inconcevables aventures, mais où l'on n'ose presque pas rêver de se rendre un jour, tant la chose paraît difficile. La mer!... Ce mot, qui, pour la plupart des humains, évoque tant d'images terribles ou délicieuses, ne présente rien à l'imagination de beaucoup de terriens d'Égypte. Ils ne le devinent pas. Ceci, encore très vrai aujourd'hui dans les villages reculés des provinces, l'était encore bien davantage au temps de Bonaparte, alors qu'il fallait près de quinze jours pour se rendre d'Alexandrie à Damanhour par le désert, et bien plus encore de cette ville à la capitale!

Aboukir!... ce nom ne comptait pour ainsi dire pas pour la plupart des habitants de la vallée du Nil. Il n'exprimait rien du tout. J'ai revu bien souvent l'étrange petite plage, si différente pourtant des autres plages égyptiennes, et je ne pense pas qu'aucune autre au monde évoque autant de souvenirs. Contrairement aux sites de de la Basse-Égypte, la plage d'Aboukir se montre mamelonnée de la plus originale façon. Ce ne sont que collines, monticules, vallonnements. Des rochers, de teinte sombre, se dressent par endroits, dominant le gouffre, affectant les formes fantastiques propres aux paysages de Bretagne. Au sud, la mer vient mourir presque dans le lac, et ce lac lui-même est bordé de frais roseaux, de champs, de vignes et de maïs, du plus évident contraste avec la sévérité des falaises soutenant le fort. Enfin, et c'est bien là le côté le plus original de cette nature, un vieux cimetière, entourant le mausolée d'un saint musulman, sème au hasard du chemin la tristesse de ces tombes délabrées, qu'une végétation marine a recouvertes presque toutes d'un uniforme tapis de verdure. Quelques-unes de ces tombes et le tombeau du saint qui les domine datent du commencement du xviiie siècle. Sur le lit de ces morts oubliés, combien d'autres sont venus s'étendre, durant la première bataille d'Aboukir, d'autres encore lors du second combat funeste aux Turcs! Aux uns comme aux autres la guerre fut meurtrière. Vaincus et vainqueurs trouvèrent l'éternel repos en ce lieu tranquille, où les humbles pêcheurs de l'époque des khalifes étaient venus dormir les premiers... Et comme antithèse à ces souvenirs macabres, voici, là-bas, dans la pourpre du soleil couchant, non loin des vertes prairies du lac Madieh, un autre promontoire sur lequel se dressent les ruines d'un temple et les vestiges d'une cité disparue à jamais dans l'oubli des siècles. Cependant, nulle autre au monde ne retentit de chants plus joyeux, nul sol ne connut la caresse de pieds plus agiles, nulle contrée peut-être n'écouta musique plus délicieuse et ne vit passer figures plus séduisantes... En ce lieu, aujourd'hui désert, inconnu de la plupart des touristes, se trouvent les restes du temple fameux élevé à Hercule au temps du roi Protée. C'est dans ce temple que Pâris, voyageant avec Hélène, vint demander asile après sa fuite de Sparte. C'est de là qu'Hélène aux bras blancs prit sous la conduite de Thouis, gouverneur de province, la route de Memphis, où la reine Polydamna la garda jusqu'à l'arrivée de Ménélas. C'est même, d'après la légende, en mémoire du débarquement des fugitifs et du nom de leur pilote Canopus que la ville nouvelle prit son nom. Canope devint sous les Ptolémées et continua de demeurer sous les césars romains la ville des plaisirs inimitables, le centre du monde joyeux d'Alexandrie. Les princes s'y rendaient par eau, sur les barques décorées de fleurs, garnies de tapis moelleux et chargées de musiciens et de chanteurs, dont les talents faisaient paraître la route moins longue. Les princes eux-mêmes se tenaient à la proue, couchés sur des matelas de pourpre, vêtus de simarres magnifiques et couronnés de roses. Auprès d'eux, les courtisanes s'évertuaient par leurs charmes à distraire l'ennui des convives. Le culte d'Hercule avait cédé la place à celui d'Isis, mère de volupté.

Aux temps chrétiens, un saint de la primitive église, *Abou Kir* (le père Kir) vint s'établir non loin de Canope, et ses prières chassèrent l'esprit impur qui continuait à habiter la ville maudite. Quelques auteurs prétendent que le saint mourut là, à l'endroit précis où fut inhumé plus tard le saint musulman, et c'est de lui que la petite localité prit le nom d'*Aboukir*. D'autres font repartir ce saint pour les pays du nord, où il aurait subi le martyre et où les Francs lui auraient consacré des églises sous le nom de *Saint-Cyr*. Je ne fais que traduire les légendes.

Au Caire, cependant, le peuple n'était pas heureux. Vainement les cheiks eux-mêmes essayaient de donner l'exemple. La confiance ne revenait pas. Les malheureux Égyptiens avaient reçu la visite de trop de conquérants. Ils ne faisaient guère depuis des siècles que changer de maîtres. Le joug pouvait varier, l'esclavage ne cessait point.

Après le grand repas offert aux Français par le cheik El-Beckry en sa maison de l'Esbékieh à l'occasion de la naissance du prophète, une détente semble se produire. Ce fut à ce moment que Bonaparte quitta l'Égypte. Djabarti explique ainsi le départ du général :

« Le lundi 16, le général en chef partit en voyage, et l'on ne sut plus ce qu'il était devenu. Le lundi 24, correspondant au 9 du mois copte de Misriah, la crue du Nil atteignit la limite ordinaire, et, comme d'habitude, cette nouvelle fut annoncée aux habitants par un crieur public. »

On peut penser que cette annonce avait pour le peuple autrement d'intérêt que le départ du général. De la crue du Nil dépendait la richesse ou la misère du pays tout entier.

Quoi que l'on ait pu dire par la suite, la nomination de Kléber au poste de général en chef en remplacement de Bonaparte représentait une situation particulièrement difficile et périlleuse. Il faut connaître, jusque dans ses plus infimes détails, l'état de la nation égyptienne et l'exaspération des citoyens pour se rendre compte des événements survenus par la suite et qui devaient coûter la vie au malheureux successeur de Bonaparte.

Djabarti et les autres cheiks sont là pour nous enseigner.

« Le samedi 29, dans la matinée, arriva au Caire le général Kléber. Tous les Français se rendirent au-devant de lui pendant que de tous les forts on saluait son arrivée par des salves d'artillerie. Le général Kléber occupa la maison de Bonaparte à l'Esbékieh. Cette maison était celle d'El-Elfi. A la même date, arriva de la province de Charkieh un corps de troupes françaises, avec un butin considérable et environ soixante-dix prisonniers enchaînés, parmi lesquels on voyait des femmes et des enfants. Le village auquel appartenait ces prisonniers s'était soulevé. Il avait été attaqué et livré au pillage. »

Kléber inaugure ses nouvelles fonctions par une excessive sévérité. Les punitions pleuvent, les impôts redoublent. Son attitude même semble vouloir décourager les avances des indigènes, dont le caractère bon enfant s'accommodait mieux des façons de Bonaparte.

« Les cheiks et les notables se rendirent chez le nouveau général en chef pour le saluer, mais ils ne purent le voir, et la visite fut renvoyée au lendemain. Le jour suivant ils furent introduits auprès du général, mais *ils ne trouvèrent point en lui l'amabilité de Bonaparte, qui était très affable, causait et riait avec ses visiteurs*[1]. »

Non content de les dominer, Kléber, méprisant un peu les indigènes, veut les éblouir. Écoutez plutôt :

« Le vendredi 6, le général en chef se rendit de l'Esbékieh à la citadelle en grande cérémonie. Cinq cents janissaires armés de bâtons marchaient devant lui et ordonnaient au peuple de se lever sur son passage. Derrière lui venait un corps de cavalerie sabre nu à la main. Le waly, l'aga et Barthélemy l'accompagnaient avec leur suite, ainsi que les officiers des corps de

---

1. Djabarti, t. VII.

garde et des odjaks et tous ceux qui étaient employés par les Français, à l'exception des ulemas du divan. »

Cependant, les mesures vexatoires ne cessent d'accabler les habitants du Caire et de la province. Jamais peut-être l'apparente soumission du peuple égyptien n'avait caché une si sourde révolte. Certes, les Turcs et leurs mameluks ont dépassé envers lui la mesure des atrocités permises, mais il faudrait bien peu connaître la mentalité musulmane pour ne point savoir que de ses coreligionnaires le véritable adepte de Mohammed croit pouvoir tout endurer ; avec les chrétiens, il en use de tout autre sorte. La nouvelle domination, quoique bien plus douce, lui pèse plus que les autres. S'il ne l'a déjà secouée, c'est qu'il connaît les dangers d'une pareille entreprise. Le misérable habitant des bords du Nil n'en est que plus malheureux. Nous verrons bientôt que le geste de l'assassin Suleïman, œuvre d'une seule main, fut cependant rêvé par tous dans ces heures de révolte qui poussent les peuples asservis aux pires erreurs.

Les plus légères corvées, les moindres prélèvements de taxe, sont maintenant en abomination à ces hommes qui, depuis trop longtemps, ont courbé l'échine. La misère est grande, les revenus dérisoires. Un mulet ou un âne se paie cinq francs! Personne n'ose plus rien acheter, tant on redoute partout l'arrivée de quelque patrouille faisant main basse sur les bêtes de selle ou de trait.

Profitant du désarroi général, les Turcs demeurés au Caire et les partisans des mameluks se plaisaient à semer l'agitation par l'annonce journalière de fausses nouvelles jetant l'émoi dans l'âme simple des habitants. Les Turcs avaient vaincu les Français, le secours était proche... On allait chasser les étrangers de la ville!... A la faveur des troubles occasionnés par ces annonces mensongères, les voleurs et les brigands, toujours nombreux, exerçaient leur petit commerce. Un mograbin venu on ne sait d'où se mit à la tête des plus mécontents. D'après Djabarti, « il fut presque toujours la cause principale des pillages et des massacres qui eurent lieu à cette époque. Il mettait ses espions à la recherche des habitations où se trouvaient des Français ou des chrétiens, indigènes inoffensifs, et, chaque fois qu'il faisait une découverte, il s'entourait d'une foule de peuple et de quelques troupes et allait attaquer la retraite dénoncée. Bientôt les portes étaient enfoncées, les hommes massacrés, les femmes en captivité après avoir été dépouillées de leurs bijoux et même de leurs habits, et la maison livrée au pillage. A plus d'un enfant on trancha la tête, pour enlever plus facilement l'or de sa coiffure [1]. »

Les incidents de Boulak mirent le comble à l'anarchie générale.

Djabarti déclare que le récit du désastre de Boulak pourrait suffire à faire blanchir les cheveux. « Les rues après l'assaut étaient jonchées de cadavres, et les maisons transformées en monceaux de ruines et de cendres, notamment les belles maisons qui encadraient le bord du Nil et toutes les maisons éloignées du centre. »

Un grand nombre d'habitants furent massacrés ou périrent par le feu.

On ne saurait accuser le cheik Djabarti de partialité. J'ai montré avec quelle justesse et quelle bonne foi il s'applique, même quand cela lui est désagréable, à rendre hommage aux qualités des Français. Il ne manque pas de louer comme il convient la bonne administration de Bonaparte et l'affabilité de ses officiers. L'admiration de l'historien arabe demeure sans bornes pour les savants de l'Institut et les belles expériences qu'ils lui montrèrent. Aussi, ce n'est pas sans un certain serrement de cœur que

---

Djabarti, t. VII.

l'on peut lire cette page si expressive en sa tragique simplicité :

« Lorsque les assiégés, se voyant battus, se dispersèrent, un grand nombre d'entre eux se sauvèrent du côté du sud, mais les Français gardèrent aussitôt toutes les issues et empêchèrent le peuple de sortir. Ils mirent ensuite la main sur les khans[1], les okelles[2], les magasins de toutes sortes de dépôt, et firent un butin incalculable. Les maisons devinrent également leur propriété avec tout ce qu'elles contenaient, voire même les femmes, les filles et les enfants. Aux personnes qu'on trouvait paisibles dans leurs maisons et chez lesquelles on ne découvrit pas d'armes, on laissait la vie, mais on pillait quand même leurs biens et même les habits qu'elles portaient, de sorte que tous les habitants de Boulak qui n'avaient pas pris part à la guerre, notables ou simples particuliers, se trouvèrent le lendemain de l'assaut dans la dernière misère, n'ayant pas de quoi couvrir leur nudité. » Un certain Hadj-el-Bachtili (Bachtili le pèlerin) avait été convaincu de semer la révolte parmi le peuple et d'avoir écrit en ces termes à Osman Katkoda : « *Le chien nous a fait*

---

1. Marchés couverts.
2. Immeubles.

des propositions de paix, mais nous les avons rejetées. » Le chien était représenté en l'occurrence par le général en chef. Celui-ci goûta peu la métaphore, et Bachtili, étant tombé entre les mains des soldats après l'assaut de Boulak, fut étroitement garrotté, promené par les rues pour l'exemple, et assommé ensuite à coups de bâtons.

Les horreurs du siège de Boulak ne peuvent être mises en doute quand on feuillette les journaux et mémoires des officiers de l'époque. Un chasseur [1] ne nous raconte-t-il pas comme la plus joyeuse farce qui soit au monde le fait suivant : Une société indigène, semblable à tant de sociétés d'aujourd'hui, s'est réunie dans une demeure amie à seule fin d'oublier les misères de l'heure présente et les terreurs inavouées de l'inconnu lendemain. Les hommes chantent dans le mandarah. En haut, les femmes se livrent à leur plaisir favori : la danse!... Et le bruit des *sagatt* [2] accompagne le rythme du tambourin et les arpèges de la *houd* [3]. Des rires frais montent des balcons ouvragés de moucharabiehs. Et, tout en haut, de pieux vieillards et quelques servi-

---

1. Pierre Millet.
2. Crotales de cuivre servant à marquer les pas de danse.
3. Sorte de guitare.

teurs ont organisé un *zickre*[1] pour attirer sur la maison la faveur divine. On entend le halètement sourd des poitrines et le cri guttural des gosiers lassés :

— Allah! Allah! Allah!

Tout à coup un cri d'atroce épouvante, un fracas sinistre, une épaisse fumée, et c'est fini!...

Les chanteurs se sont tus, les danseuses se sont arrêtées, et sur les lèvres des hommes en prières le souffle de la mort a glacé les dernières invocations. Par des chemins de taupes, les artilleurs sont parvenus à placer leurs mines sous la maison. Ils y ont mis le feu. Et de la joyeuse réunion de tout à l'heure il ne reste plus qu'un amas de cadavres atrocement déchiquetés achevant de refroidir parmi le monceau fumant des ruines qui seront leur tombeau.

Ce récit qui nous remplit d'horreur paraît d'une originalité tout à fait réjouissante au chasseur Pierre Millet, qui par ailleurs se montre un fils respectueux, un ami très tendre, ni plus mauvais ni plus cruel que la plupart de ses compagnons. Il faut donc que les longueurs d'une campagne pénible et les effets d'un climat alors meurtrier aient singulièrement rabaissé la mentalité de ces hommes pour que de

---

[1]. Litanies religieuses.

semblables faits les trouvent ironiques ou simplement indifférents. Ils avaient d'ailleurs pour excuse l'exemple qui leur venait d'en haut. Depuis le départ de Bonaparte, qui en était l'âme, le moral de l'armée avait forcément subi l'atteinte de son abandon. Kléber, de tous temps contraire à l'expédition d'Égypte, ne fit rien pour remédier à cet état de choses. Il n'avait lui-même qu'un désir, hâter l'évacuation. L'historien Marcel, souvent cité dans ce récit, et qui put se rendre compte par lui-même des faits reprochés à Kléber, dit en parlant de la conduite du général : « Ce malencontreux projet d'abord renfermé dans l'entourage immédiat de Kléber ne fut bientôt plus un mystère pour personne. Kléber non seulement supporta autour de lui les propos les plus inconvenants sur son prédécesseur et les railleries les plus absurdes relativement à l'expédition d'Égypte, mais encore, toujours caustique et frondeur, il commit la faute de ne pas s'en abstenir lui-même. »

Après la première ivresse de sa nouvelle puissance, le découragement venait... Le temps n'était plus où Kléber, trouvant que son prédécesseur avait trop négligé l'étiquette, prit à son service un certain nombre de fellahs, dont deux, armés de djerids, marchaient constamment à ses côtés et lui tenaient, l'un la bride, l'autre l'étrier quand il avait besoin de monter à cheval ou d'en descendre. Puis, à l'exemple des anciens maître de l'Égypte, il ne sortait jamais que précédé d'un certain nombre de *kahouas*, espèce de coureurs qui frappaient à chaque pas la terre de longs et gros bâtons et ne cessaient de crier en arabe : « Voilà le seigneur commandant en chef! Musulmans, faites place et prosternez-vous. » Et ce n'est pas tout. Les indigènes que Kléber était appelé à rencontrer sur sa route devaient incliner la tête, joindre les mains sur leur poitrine et se prosterner devant lui, comme il était d'usage sous les mameluks. Ceux qui se servaient de monture avaient ordre de descendre et de demeurer à pied jusqu'à ce que l'escorte du général eût disparu. Bientôt, d'après Djabarti, cela même ne suffit plus à l'orgueil du général, et les habitants du Caire reçurent la défense de se servir de leurs chevaux ou de leurs ânes. Tout le monde dut aller à pied.

On n'ignore pas que Kléber avait d'abord servi dans l'armée allemande. Il avait, de ce fait, pris le goût des beaux uniformes et des armes étincelantes. Il professa toujours un peu de mépris pour le laisser-aller des troupes françaises, qui, d'après lui, passaient trop d'heures au bivouac et pas assez à leur toilette. Comme il se montrait bel homme et de noble prestance, il acquit au début de sa mission un certain prestige sur les Égyptiens, amis du faste et des brillantes couleurs. Mais bientôt la froideur de son accueil et la hauteur de son caractère éloignèrent de lui les meilleures volontés. Quelques-uns de ses actes eurent le don de lui attirer une foule d'ennemis.

Le général avait donné ordre de faire sortir des maisons tous les vêtements et tous les meubles pour les purifier à l'air libre et éviter ainsi une de ces épidémies si fréquentes au Caire à l'époque où se passe ce récit. L'ordre en soi était excellent et dicté par la plus élémentaire prudence, mais il fut peut-être mal exécuté. Les soldats outre-passèrent les ordres. Toujours est-il que la population vit dans cette formalité d'hygiène une atteinte à la liberté personnelle, une offense sans nom au droit des gens.

Un autre fait, qui passa pour être sans importance aux yeux de nos troupes, acheva de porter le comble à l'irritation des indigènes. On sait la part que prirent les cheiks Beckry et Mahdi aux événements du temps. Ces deux hommes appartenaient à l'élite de la population musulmane. Plus habiles, ou simplement plus intelligents que la majorité de leurs concitoyens, ils avaient vite compris que la rébellion ne leur servirait à rien et s'étaient ralliés aux propositions de Bonaparte. Choisis par lui comme intermédiaires entre le peuple et les Français, ils s'étaient constamment montrés dignes de la confiance que la France avait mise en eux. Après la bataille d'Héliopolis et le siège de Boulak, ils furent accusés par Kléber d'avoir failli à leur promesse en essayant de se rallier aux Turcs, qui entouraient la ville, provoquant ainsi une nouvelle rébellion. Les autres cheiks compromis avec eux ne purent se laver du soupçon qui pesait sur eux. El-Beckri, en ayant soin de se faire battre par ses coreligionnaires, El-Madhi en laissant brûler sa maison par eux, trouvèrent grâce devant les vainqueurs. Mais les autres furent conduits dans la maison du général en chef pour y être tenus à la disposition de la justice. « En proie à la plus grande perplexité, chacun d'eux aurait voulu n'être d'aucune importance. Ils attendirent en vain jusqu'à trois heures du soir. Plusieurs d'entre eux éprouvant des besoins pressants ne purent les satisfaire qu'en montant sur les fenêtres de la maison. Plus d'un cheik ne croyant pas au salut laissa là ses souliers et se sauva pieds nus [1]. »

Cependant, les cheiks ayant été chargés des

---

1. Djabarti, t. VII.

recouvrements des nouvelles taxes que les derniers incidents venaient d'attirer au peuple, le général en chef confia au Copte Jacob le soin de faire rentrer l'argent dans les caisses du trésor. Le cheik Sadat, jusque-là bien vu de l'armée, assura qu'il n'avait que peu d'argent. On ne le crut point. Il dut vendre ses effets, donner tout ce qui lui restait, et, malgré cela, des vexations sans nombre lui furent imposées.

Djabarti raconte que durant plusieurs jours le malheureux subit matin et soir la peine de la bastonnade, à raison de quinze coups chaque fois. Enfin, des espions étant parvenus à retrouver sa femme, qu'il avait pu envoyer hors du Caire dans un harem ami, la ramenèrent auprès de son mari, à la prison de la citadelle, et ce fut devant elle qu'il dut endurer son supplice. On avait escompté la faiblesse de l'épouse et pensé que, sans force devant les souffrances de son mari, elle révélerait la cachette de leurs biens communs. Enfin, les hautes personnalités s'interposèrent en cette triste affaire. La femme fut rendue à la liberté et le mari retenu en prison. Il avait pourtant versé 6.000 talaris (trente mille francs).

Les auteurs indigènes assurent que les calamités publiques atteignirent à ce moment au Caire un degré tel que beaucoup de personnes, ne pouvant supporter tant de souffrances, abandonnèrent la ville. Mais la situation au dehors n'était pas meilleure. Les récoltes ne donnaient presque plus rien. Les ouvriers ne trouvaient point de travail et les Bédouins, brigands de la pire espèce, semaient la terreur dans les campagnes. Il n'était pas rare de voir revenir les malheureux, qui pourtant volontairement avaient quitté leurs demeures, regagner le mandarah familial... Aux hommes, les Bédouins se contentaient de donner la bastonnade, après les avoir dépouillés entièrement de leurs vêtements et des quelques bijoux qu'ils pouvaient porter sur eux. Pour les femmes, le traitement était pire encore. Non seulement elles revenaient nues et sans coiffure, mais la plupart avaient subi de tels outrages des misérables nomades qu'elles ne résistaient pas à leur disgrâce et mouraient de faiblesse et de douleur au bord du chemin où ils les avaient abandonnées.

Les enfants même n'étaient pas épargnés. Les Français demeuraient impuissants contre les gestes de ces hordes sauvages. Avec les Bédouins, la guerre devenait impossible ; comment atteindre un ennemi dont toute la tactique consiste à se dérober ?... Les tentes qui se dressaient le soir à tel endroit de la route se trouvaient le matin à plusieurs lieues. Les dromadaires agiles, les petits chevaux aux jambes nerveuses, avaient dans la nuit mis le désert entre les fuyards et leurs ennemis. Mais des hommes demeuraient poursuivant la moindre proie. Chaque touffe de nopals, chaque bouquet de *sant*[1] cachait quelque bandit. Les routes devinrent si peu sûres que les habitants du Caire, contraints à demeurer encore dans la capitale, n'osaient plus sortir après le coucher du soleil. Toutes les rues qui n'aboutissaient pas directement au quartier général semblaient mortes. Le commerce nul. Le mouvement complètement interrompu. Et pour qui connaît l'amour que les Orientaux portent au dehors, le goût qu'ils professent pour les entretiens en plein air et les réunions vespérales, ces détails disent mieux que tout le marasme dans lequel était plongée la population du Caire en cette année qui devait être si particulièrement funeste au général en chef.

Avec cela, les ordres les plus sévères étaient prescrits pour ramener une apparence de sécurité dans la ville. Les bourgeois et les marchands eurent à subir de nouvelles amendes à propos de leurs lanternes, ces malheureuses lanternes de papier qui s'éteignaient toujours... De plus, les fêtes religieuses, si fidèlement

---

1. *Acacia nilotica*, acacia épineux.

observées jadis, n'avaient plus le don d'attirer personne. Les femmes maintenant se divisaient en deux catégories bien franches. Les véritables musulmanes, demeurées fidèles aux pratiques ancestrales, pour celles-là les craintes du présent, la menace de l'avenir incertain, mettaient une barrière à tout enthousiasme, paralysaient tout effort. Les autres déjà avaient subi l'influence un peu démoralisante des femmes de l'armée. Beaucoup même étaient les épouses éphémères, ou simplement les concubines de nos soldats, qui, eux, ne se piquaient guère de religion à ce moment. Ces femmes ne s'intéressaient plus aux cérémonies de l'Islam. Elles préféraient les pompes civiques des fêtes républicaines ou les plaisirs un peu grossiers du nouveau Tivoli...

Pour toutes ces raisons peut-être, les habituelles solennités musulmanes passeraient sans doute inaperçues si le général en chef n'y mettait bon ordre. Mais, imitant en cela son prédécesseur Bonaparte, Kléber ordonne que la fête du Prophète, la fête du Nil et les réjouissances du Baïram soient célébrées avec éclat.

Les plaisirs de commande ne laissent qu'amertume à ceux qui les goûtent. Vainement le cheik El-Beckry et le cheik El-Sadat, désireux de conserver les bonnes grâces des Français, multiplient les invitations; pas plus les festins que les soirées n'attirent la foule ; quelques-uns viennent par devoir, d'autres par cupidité ou gourmandise ; la plupart, prétextant différentes causes, demeurent chez eux. En réalité, ces fêtes, que les récits enthousiastes de nos soldats dépeignent d'une plume si brillante, n'offrent guère aux yeux d'un observateur impartial qu'un ramassis de gens sans aveu ou de jeunes fous accompagnés de nombreuses créatures peu farouches, décidées à se divertir malgré tout.

La grande foire de Tantah, appelée *Chorom-Bablia*, cette foire fameuse alors dans le monde entier, a été le théâtre d'événements déplorables. Quelques riches fellahs, arrivant sur des montures à la suite d'un boucher et se dirigeant vers la mosquée où se trouve le tombeau du saint [1], ont été acclamés par le peuple, les prenant pour les libérateurs du pays. Les chrétiens habitant la ville aussitôt molestés par la canaille. Le sang coule. Et la nouvelle s'ébruite. Les Français arrivent ; la ville est assiégée. Les tentes rapidement se replient. Tout le monde a peur. Un des notables, le cheik Khadem, est accusé d'avoir poussé les rebelles à la révolte ; il est condamné à la bastonnade.

A Rosette, un autre saint, *Abou Mandour*

---

1. Saïd-el-Badaoui.

(père de l'Éclat), attire lui aussi un grand nombre de fidèles. Un panorama de toute beauté se déroule du haut du minaret qui domine la mosquée où repose ce saint. Un matin, le muezzin, trompé par un effet de mirage ou simplement suggestionné par l'immense désir qui est en lui de voir triompher la cause du Prophète, s'écrie qu'il a vu l'armée turque victorieuse arriver de tous côtés sur terre et sur mer pour chasser les infidèles du sol égyptien. Et c'est le délire!... La populace s'ameute à la porte de la mosquée. Les soldats français sont injuriés, des mains se lèvent. Il faut faire marcher les canons, dont la vue seule calme les plus furieux.

C'est enfin les *santons* ou cheiks des rues, sortes de fous, complètement nus, les cheveux en broussaille, qui parcourent les centres de réunion et les lieux de prières, en prophétisant la destruction des ennemis et prêchant la guerre sainte. Ceux-là surtout ont le pouvoir d'attirer les femmes, qui ne craignent point leur approche et viennent même demander à leur puissante vertu la grâce de devenir mères, la stérilité étant considérée en Orient comme un véritable opprobre. Quelques-uns se tiennent près des mosquées, devant les tombeaux du saint, et les fidèles qui viennent prier peuvent entendre leurs menaces, subir l'influence de leurs exhortations fanatiques. Pour cela, on ordonne la fermeture de plusieurs mosquées. Cette mesure de simple sagesse a cependant pour effet de jeter la ville dans une tristesse plus profonde, car c'est autant de petites lampes qui s'éteignent, autant de milliers de cierges qui ne brûlent plus.

Parmi les fêtes tombées à l'oubli et qui furent rétablies, il faut citer celle du saint Hussein. Djabarti, si souvent nommé dans ce récit, va nous donner encore à ce sujet des détails bien amusants. Il raconte qu'un certain Sayed-Badaoui-ebn-Fètch, atteint d'une maladie grave, promit à Dieu s'il en guérissait d'instituer une fête. « Il fut à moitié guéri et tint sa promesse en faisant illuminer la mosquée et en y faisant réciter le Coran durant le jour et les prières *Dalaïel-el-Kaïrat* pendant la nuit. Plus tard quelques hérésiarques vinrent se mêler à cette fête. Les uns se rangeaient en rond et invoquaient Dieu en faisant chanter des baladins, les autres récitaient des vers du Borda à la louange du Prophète. Des Marocains venus du fond de leurs terres se plaçaient sur deux rangs et chantaient des hymnes en leur langue. Puis ils se levaient pour se tortiller le corps *(sic)* en se baissant à droite et à gauche et en frappant le sol avec leurs pieds. Ils faisaient tout cela avec un telle ardeur qu'il fallait des hommes d'une forte constitution pour résister à de pareils exercices[1]. »

Tout ce monde menait un beau tapage, mangeait, buvait et dormait dans la mosquée. Bientôt, à ce groupe de fidèles vinrent se joindre des compagnies de fakirs. Ceux-ci devaient sans doute arriver en procession, comme ils ont coutume de le faire encore de loin en loin, à certaines dates fatidiques. On croit les voir... Le costume n'a guère changé. Seules diffèrent de nos jours la forme et la couleur des turbans. Tandis qu'il est rare de voir à présent sur les têtes musulmanes d'autres couleurs que le blanc ou le vert pour les descendants de la race du Prophète, pendant l'occupation française et jusque sous le règne d'Ibrahim-pacha les turbans variaient à l'infini. Ils prenaient toutes les teintes, affectaient toutes les formes. La plus fréquente consistait en une manière d'X, obtenue en pliant l'étoffe diagonalement comme une cravate et en la roulant méthodiquement autour de la tête. Chacune des modes diverses de porter le turban indiquait le rang, l'emploi religieux, militaire ou civil qu'occupait celui qui la suivait. Il y avait les turbans à la militaire, à la marchande, à la marinière, à la turque, à l'albanaise,

---

[1]. Djabarti, t. VII.

à la cadi, à la moufti[1], etc. Les ulémas se distinguaient encore en 1830 par la grosseur de leur turban formant autour de la tête une sphère volumineuse. Les fakirs s'en venaient en théories silencieuses, tels qu'on en voit encore glisser de leurs pieds nus, dans les calmes ruelles du Caire indigène, portant pieusement les lanternes recouvertes de calicot blanc en forme de cloches, d'un effet si étrange par les nuits ombreuses. Ils passaient d'abord paisibles, puis, à mesure qu'ils approchaient du lieu vénéré, les prières s'échappaient de leurs lèvres presque à voix basse, montaient peu à peu au diapason d'un chant très grave, auquel répondaient en chœur tous les promeneurs qui se joignaient au groupe. Les mots : *Allah! Allah! Allah!* partaient en même temps et du même ton guttural de toutes les bouches, pour former une sorte de grondement tumultueux, litanie effrayante, dont le sommeil des gens tranquille était secoué. Pour la fête du saint, les lanternes ne suffisant plus, les adeptes adoptèrent des torches, se firent accompagner de musiciens et provoquèrent toutes sortes de scandales. Les plus pauvres vendirent leurs biens et leurs habits,

---

1. Clot-bey, *Aperçu général sur l'Égypte*.

pour acheter des cierges et des friandises, afin d'assister joyeusement à la fête.

Ce que voyant, les mameluks interdirent le culte de saint Hussein.

Or, pendant l'occupation française, comme nos officiers ne demandaient qu'à distraire le peuple indigène en se divertissant eux-mêmes, un capitaine, que Djabarti ne nomme point, mais qui paraît avoir exercé une influence tout à fait bonne sur les habitants, fut nommé gouverneur du quartier Hussein, au milieu duquel s'élevait le tombeau du saint personnage.

Ce capitaine, d'après l'historien arabe, « était un homme capable et de très bonne compagnie. Il témoignait de l'amitié aux musulmans, il rendait visite à ses voisins, il accueillait avec faveur les demandes qu'on lui adressait. Il avait beaucoup d'égards pour les ulémas. Il les respectait et les recevait chez lui. Il faisait marcher ses soldats sans armes, tandis que dans les autres quartiers les patrouilles étaient toujours armées. Il empêcha les agents de police de tyranniser les habitants pour les lampes ou pour d'autres motifs. Tout cela rassura les habitants du quartier, qui commencèrent à se rendre de bonne heure dans les mosquées, car, depuis que ce quartier avait été occupé par les soldats français, les habitants les craignaient et ne sortaient qu'en plein jour. Lorsqu'ils connurent le caractère de cet officier, ils sortirent même pendant la nuit sans aucune inquiétude [1]. »

Cet officier avait pour drogman un ancien notable d'Alep fait prisonnier et délivré par les Français. Il ouvrit un petit café non loin de la mosquée, et les gens du voisinage prirent coutume de s'y donner rendez-vous. On y venait déguster le moka parfumé servi dans les minuscules tasses filigranées d'argent et fumer ces fameuses « pipes de tabac » longues d'un mètre, dont parlent tous les voyageurs de l'époque. Ce fut dans ce café qu'on décida la réouverture de la petite mosquée et du tombeau de saint Hussein. Le capitaine français s'acquit de ce fait la double reconnaissance des habitants du quartier et de son drogman; pour ce dernier, la fête ne pouvait manquer d'être lucrative, car les pèlerins nombreux qui se pressaient autour du *tourba* [2] venaient ensuite chez lui se réconforter.

Ce café ne connut point que des hommes. Le capitaine français, imitant en cela bon nombre de ses camarades, avait pris pour femme une Égyptienne. Elle était jeune, de nature enjouée comme la plupart des filles du Nil. Le

---

1. Djabarti, t. VII.
2. Mausolée.

mari ne se montrait pas jaloux, il aimait à faire partager à sa compagne ses moindres plaisirs. Elle devint, elle aussi, l'hôtesse assidue du petit café, et Djabarti nous apprend que « tout le quartier prit part à ces réunions amusantes, car la foule est toujours portée à la folie et au plaisir ». Le bon cheik ajoute sentencieusement : *Tel est aussi le caractère français.*

Djabarti nous apprend encore que vers cette époque partit une caravane composée de femmes européennes et de soldats français avec beaucoup de bagages. Cette caravane se rendait à Tor. Nulle part ailleurs je n'ai trouvé trace de ce fait. Quelles étaient ces femmes ?... Où allaient-elles ?... Il est probable qu'on l'ignorera toujours. Vers cette époque, les Français lancèrent un nouveau ballon sur la place de l'Esbékieh. Malgré les assertions de nos soldats, toujours prêts à croire ce qu'ils désirent, il semble que l'événement n'eut guère plus d'importance pour les indigènes que la moindre distraction journalière offerte au peuple égyptien.

« Le mercredi, on afficha qu'on allait lancer sur la place de l'Esbékieh un autre ballon comme celui dont nous avons parlé et qui n'avait pas réussi. A midi, tout le monde se réunit et le ballon fut lancé. Il s'éleva et il se dirigea du côté des collines de Barkia, où il tomba. Si le vent l'avait poussé encore jusqu'à ce qu'il fût hors de vue, la ruse aurait réussi *(sic)*, et les Français auraient soutenu que le ballon avait été dans un pays lointain, comme ils l'en prétendaient capable... [1] »

Djabarti semble laisser croire (lui qui pourtant possédait une culture tout à fait supérieure à celle de ses concitoyens) que les Égyptiens en général étaient portés à voir des mensonges et des sortilèges dans la plupart des actes des officiers français. Il fallait les confondre par l'évidence, les amener peu à peu à accepter les choses les plus simples. Avec cette méfiance propre au caractère indigène, ils croyaient toujours qu'on voulait les tromper; les marques de sympathie les plus franches, les améliorations sans nombre apportées aux diverses branches de la vie égyptienne, tout cela ne comptait guère. Le peuple ne se laissait conquérir que difficilement et surtout par les façons aimables des soldats et leur gaîté communicative, plus que par les bienfaits de la nouvelle administration.

Si Kléber, grisé peut-être par sa nouvelle for-

---

[1]. Djabarti, t. VII.

tune, affecta dès le début une attitude hautaine, il ne fit en cela qu'imiter les mameluks qui l'avaient précédé et les chefs ottomans qui le suivirent.

Quelques semaines après le départ des Français, le vizir, venu de Stamboul, entreprit la visite des différents quartiers du Caire, passa devant la maison d'un des notables de la ville, Saïd-Admed-el-Marouki et lui fit la grâce d'entrer dans sa maison. « Le vizir laissa entendre à El-Marouki qu'en venant chez lui il avait eu l'intention de l'honorer ainsi que ses collègues. Le vizir espérait que de tous temps on parlerait de cet acte de condescendance *(sic)*[1]. »

Sans doute pour le récompenser d'une démarche aussi extraordinaire, le sultan de Constantinople quelques semaines plus tard envoyait à son vizir un châle magnifique et un poignard orné de diamants.

Il est hors de doute que la superbe du nouveau général en chef ne fut pas l'unique cause du manque de sympathie qu'il rencontra chez la plupart de ses administrés indigènes. On l'a vu, ils étaient habitués à être traités par les Turcs en peuple conquis, et un peu de pompe extérieure ne pouvait que flatter leur amour du faste

---

[1]. Djabarti, t. VIII.

et ce goût que professe tout Oriental pour les cortèges magnifiques au milieu desquels trône le maître entouré d'une multitude de courtisans et d'esclaves.

La multiplicité des travaux auxquels se livra Kléber sitôt le départ de Bonaparte, tous les efforts qu'il tenta pour maintenir les effets déjà favorables de l'expédition, la recherche du bien-être de chacun, tout cela ne touchait guère la foule.

Les cheiks, les ulémas surtout, ne cachaient point la déconvenue qu'ils avaient éprouvée au départ de Bonaparte. Ils regrettaient celui qui, pour leur plaire, ne craignait point de feindre une demi-conversion, acceptant de l'Islam la plupart des croyances qu'ils pratiquaient eux-mêmes.

Kléber avait conservé l'usage de ces sortes de petits levers ou réceptions matinales auxquels Bonaparte les avait accoutumés, mais il ne savait pas comme lui mettre dans les discours qu'il échangeait avec eux cette bonhomie, ce tendre intérêt, dont les musulmans se sentaient touchés. Bonaparte, dont l'inlassable curiosité s'étendait à tout, puisait dans ces entretiens avec les chefs de la loi toutes les connaissances qui lui paraissaient nécessaires. Il ne dédaignait pas de se lancer avec eux en d'interminables discussions sur tel ou tel passage du Livre! L'existence du Prophète demeurait l'éternel sujet de ces controverses, où la dialectique des cheiks se donnait cours dans toute son éloquence.

Avec Kléber, rien de tout cela. Après quelques banales questions sur le pays, sur le fonctionnement des impôts ou le rendement des terres, la conversation tombait tout de suite. Kléber étouffait ses bâillements, et les bons cheiks, assis sur leur derrière, égrenaient leurs chapelets d'ambre, interrompant de temps à autre leur litanie pour jeter dans un soupir quelques *Iarab*[1], de cette voix profonde qui semble l'expression même de l'âme musulmane.

Ces cheiks !.... nous les avons vus, nous les connaissons. Les admirables portraits qui se trouvent aujourd'hui à la Malmaison nous les montrent dans leur impeccable sincérité. Et ce n'est pas seulement ces visages, demeurés vivants par le pinceau fidèle des maîtres français de l'époque, qui représentent les chefs de la religion en Égypte vers l'an 1799. Ce sont surtout leurs descendants que nous retrouvons à l'heure actuelle en certaines familles du Caire. J'ai retrouvé les arrière-petits-fils des contemporains de Bonaparte, si pareils à eux qu'ils

---

1. O Père!... Mon Dieu!... Hélas!... (Presque intraduisible.)

semblent être ceux-là mêmes que connurent Napoléon et Kléber, tant les physionomies et les mœurs restent immuables en cet Orient où rien ne change. Cette vérité me fut encore confirmée il y a quelques semaines, alors que dans le hall du *Continental*, au Caire, j'écoutais le cheik Ioussef me faire de sa voix polie la plus aimable invitation à visiter sa demeure. Le cheik Iousseff représente à l'heure actuelle une des plus hautes personnalités égyptiennes. Journaliste de grand talent, il dirige avec une belle autorité le journal arabe *El-Moyad*. Il a épousé, il y a quelques années, la fille du cheik El-Sadat, descendant direct du fameux cheik dont le nom revient si souvent dans les récits du temps de Bonaparte. Il possède la maison où, tant de fois, le général en chef reçut l'hospitalité au moment de l'occupation. Cette maison a été léguée à sa femme, et ils ne l'habitent point. Plus curieuse encore, peut-être, est à cette heure la figure du cheik El-Beckry, héritier dernier de l'illustre famille si souvent nommée au cours de ce récit. Celui-ci, malgré qu'il ait conservé le costume de ses pères, a mordu profondément au fruit de la science moderne. Il parle un français très pur, mène une vie presque monacale en un harem très fermé, où, seule, l'épouse légitime règne en souveraine à côté de lui. Très accueillant, extrêmement cultivé, le cheik reçoit avec une affabilité délicieuse les étrangers qui viennent lui rendre visite. Il occupe au fond de Koronfiech, près du collège des frères, une vaste maison de mode ancienne, qui fut offerte à son grand-père par le vice-roi Saïd en 1862. Un bassin, aujourd'hui à sec, orne la cour très spacieuse. De hautes murailles la garantissent contre les regards indiscrets. Cette maison connut des fêtes splendides, ses terrasses retentirent du bruit des chansons et des cris joyeux d'un nombreux peuple d'esclaves blanches et noires. Aujourd'hui, elle semble morte. J'y fus reçue par une femme charmante, dans la sévérité de sa mince robe noire. Vêtue et coiffée à l'européenne, une des dernières descendantes de la race du Beckri de Bonaparte me dit en cette langue arabe, que j'aime tant, ce qu'elle savait de l'histoire de sa famille et de sa grandeur disparue. Le palais merveilleux de l'Esbékieh remplit le sujet de notre conversation. Malgré moi, en écoutant, je suivais le fil des souvenirs qui m'obsédaient. Je cherchais sur les traits réguliers de cette Circassienne mâtinée d'Égyptien quelques vagues ressemblances avec la malheureuse victime des événements de 1798. Pendant que nous causions, une négresse réjouie se multipliait autour de nous, présentant les tasses de moka et les verres de sirop. Personne autre dans l'immense salle, où nos trois personnes semblaient perdues. Et quand la maîtresse du lieu s'est levée, avec cette exquise urbanité des femmes orientales quand elles veulent se montrer aimables, alors qu'elle me conduisait elle-même jusque sur le perron de la cour intérieure en me disant de sa voix caressante : « Vous reviendrez, n'est-ce pas ? », je la regardais, si petite dans la vaste demeure, le vent léger faisait voltiger sur son front calme les petites mèches de ses cheveux roux, sa main fine s'agitait en signe d'adieu, et j'ai pensé aux autres... à la mère, à l'enfant charmante, qui, elles aussi, par un pareil matin de printemps, saluèrent sans doute les Françaises qui se nommaient alors Pauline Fourès et Blanche Verdier...

Dans la rue, mon cocher s'est écarté pour livrer la place à un coupé qui arrive en ouragan. Je regarde. A travers les vitres de la voiture, j'ai reconnu le maître du palais que je viens de quitter. Le cheik El-Beckry !... Son dos est voûté. Sa tête s'incline très bas sur la poitrine, la main qui s'appuie sur le rebord de la fenêtre apparaît diaphane. Et ses traits d'une ligne sculpturale, sa face émaciée, au ton de pur ivoire, disent, mieux que tout, le poids d'un nom trop illustre et la fin d'une race. Il lève les yeux qu'anime un extraordinaire éclat. Et c'est, dans l'étroite rue, comme la figure même du passé qui vient de disparaître avec ce coupé fantôme, emportant cet être si pâle, si grave, comme déjà mort, vers la demeure de tous les disparus qui furent ses pères. Pourtant celui-ci n'est plus pareil à ceux-là... Le turban léger qui couvre sa tête n'a rien de commun avec les turbans en citadelle de ses ancêtres. S'il porte encore la robe, si majestueuse en sa gracieuse simplicité, si ses pieds chaussent encore les babouches de l'autre siècle, la coiffure plus moderne recouvre un front où s'agitent d'autres rêves, où naissent d'autres désirs... L'Europe a déversé autour de lui le poison des connaissances humaines, et il a goûté à ce breuvage, et c'est de cela peut-être qu'il meurt, ne pouvant concilier la somme de sciences qu'il a pu atteindre avec l'immuable foi des aïeux qu'il ne saurait pas plus renier qu'il ne la voudrait compromettre.

Ainsi, au jardin merveilleux, furent châtiés les premiers hommes pour avoir goûté à l'arbre du bien et du mal.

Les cheiks du temps de Bonaparte ne prévoyaient pas si loin. La mauvaise impression du premier moment se dissipait à l'égard de Kléber. Son physique, sa haute stature, commençaient à agir sur l'imagination du peuple, qui, sous ce rapport, devait nécessairement préférer le général actuel à son prédécesseur. On sait que la petite taille, l'apparence chétive de Bonaparte, avaient eu d'abord la plus fâcheuse influence sur les Égyptiens; mais, bientôt, les plus ironiques s'inclinèrent devant les admirables qualités d'homme et la valeur de ses talents militaires. Ce fut précisément le moment où sa personnalité semblait s'affirmer en Égypte, à l'heure exacte où la population revenait à lui, gagnée par ses mérites, que Kléber choisit pour s'abandonner au découragement qui était le fond même de son caractère. Les petites mesquineries citées plus haut, les attaques perfides dirigées contre Bonaparte, ne manquèrent pas d'avoir leur répercussion en Égypte, où tout se savait. Le désarroi produit dans l'armée par le pessimisme de ses chefs devait être funeste à tout le monde.

Dans l'immense désir qu'il avait de rentrer en France, Kléber, qui ne craignit point d'exagérer la situation, au point de la montrer tout à fait désespérée dans ses lettres au Directoire, songea alors bien plus à assurer la retraite des troupes et leur embarquement qu'à poursuivre la conquête de l'Égypte et à en conserver la possession, que personne ne disputait plus.

D'après Marcel, si parfaitement impartial dans

le récit de ces faits qu'il put étudier par lui-même, la seconde révolte du Caire et l'horrible siège de Boulak eurent pour unique cause la faiblesse de nos généraux. Voici les propres paroles de l'historien à ce sujet : « Si, en effet, Kléber n'eût jamais nourri le projet d'évacuer l'Egypte, si la plupart de ses lieutenants ne s'y fussent rangés tôt ou tard, si même ce funeste projet n'eût pas reçu un commencement d'exécution, jamais les Égyptiens n'eussent osé se révolter. Nos préparatifs d'évacuation furent pour l'Egypte le signal d'une explosion populaire, qui éclata surtout dans les villes principales. Ces villes, le Caire notamment, il fallut les reprendre d'assaut, et chaque effort de ce genre fut plus meurtrier qu'une bataille. »

Kléber répara d'ailleurs superbement ses courtes heures de faiblesse. Il se couvrit de gloire à Héliopolis, et reconquit, pied à pied, chaque parcelle de terrain perdu. En poursuivant les armées du grand vizir jusque sur les frontières d'Egypte, au seuil de la Syrie, Kléber redoutait une reprise des hostilités. Au contraire, il eut la surprise d'assister à la plus épouvantable débandade qui se pût voir. Tandis que leur chef s'enfuyait bride abattue vers le grand désert, ses soldats, comme frappés de démence, couraient en tous sens, ne sachant qui implorer ni sur qui courir. Quelques-uns se jetèrent à genoux devant Kléber et, demandant grâce, offraient le secours de leurs bras contre leurs propres alliés. D'autres se sauvèrent vers le Delta. La plupart périrent dans les sables, comme autrefois les légions de Cambyse. D'autres enfin tombèrent sous le sabre des nomades, bien plus féroces que les ennemis Francs.

La quantité d'objets de toutes sortes que formait le butin des armées du vizir ravit nos soldats. Les officiers eux-mêmes n'en pouvaient croire leurs yeux, accoutumés qu'ils étaient aux goûts spartiates du général Bonaparte, affectant de réduire au juste minimum ses bagages de campagne.

« Il y avait là, dans un espace retranché d'une demi-lieue carrée, une multitude infinie de tentes et de canons, un nombre prodigieux de bêtes de somme, une quantité incroyable de selles, de harnais, de fers de rechange, des monceaux de munitions et de vivres, de tapis et de riches vêtements, des tas de vaisselle plate et de cassolettes d'or et d'argent, des milliers de coffres remplis de flacons d'aloès et de flacons d'essence de roses, d'étoffes de soie et de cachemire, enfin tout ce qui au siècle dernier composait le luxe brillant et barbare des armées orientales. A côté de quatre queues du grand vizir[1], à côté de douze litières dorées et sculptées, on trouva, témoignage certain de l'active intervention des Anglais dans cette campagne, on trouva une voiture suspendue à l'européenne, de fabrique anglaise, et douze pièces d'artillerie avec la fameuse devise : « Honni soit qui mal y pense !...[2] »

Et ce butin extravagant, dont jamais, même dans leurs rêves les plus ambitieux, les soldats de la République n'eussent osé imaginer la richesse et l'abondance, ce butin, qu'ils eurent permission de se partager, eut le don de rasséréner les fronts les plus moroses et de faire taire les murmures les plus violents. A partir de ce jour, ceux-là mêmes qui, la veille encore, appelaient de tous leurs vœux l'heure du départ ne souhaitaient plus à présent qu'une chose : demeurer éternellement en cette Égypte, terre de miracle, où l'on pouvait conquérir la fortune en un seul jour.

Il n'y a pas longtemps que les chefs orientaux ont renoncé à l'étalage de cette pompe, qui, pour eux, représentait la forme même de

---

1. Les queues de vizir et de pacha étaient des queues de cheval fixées à un bâton en nombre égal aux galons du grade. On les portait devant le personnage.
2. Marcel, *l'Égypte française*.

leur puissance. Partir en campagne avec le seul abri de quelques tentes de toile et les rares coffres composant toute la maison militaire de nos officiers eût paru le comble de l'imprévoyance et de la sottise. Beaucoup, ne pouvant renoncer, même pour quelques semaines, à leurs habitudes de harem, amenaient avec eux leurs esclaves préférées et tout un essaim de chanteuses, de musiciennes et de danseurs[1]. Après la bataille, le soir venu, sous le vélum des tentes magnifiques garnies de lustres aux mille bougies, les héros du jour se reposaient de leurs fatigues guerrières, oubliant dans l'ivresse de la volupté les multiples périls du combat.

Les chrétiens eurent beaucoup à souffrir de ces choses. Nombre de maisons furent saccagées. Les femmes, les jeunes filles, subirent les traitements les plus odieux de la part du peuple. Les Coptes, surtout, périrent. De tous temps, leur science de scribes et leur connaissance pratique du calcul leur avaient valu la charge de recouvrer les impôts. On les savait riches, et leur or, plus que leurs personnes, tentait la convoitise des misérables, qu'une suite

---

1. Ces danseurs, choisis parmi les éphèbes, précédaient l'armée en marquant le pas; ils se nommaient *kavvouals*. Leur réputation était détestable.

d'infortunes, souvent imméritées, rendaient presque excusables de tant de violence.

La majorité des Coptes ne dut son salut qu'à la proximité du quartier général, où se trouvaient leurs demeures, à gauche de l'Esbékieh. Les négociants européens du Mousky furent en partie dévalisés et massacrés ensuite.

Pourtant, dans le silence lourd de prière, à l'ombre des piliers sacrés de la grande mosquée d'El-Ahzar, un jeune étudiant syrien préparait son œuvre.

Cette mosquée, une des plus anciennes du Caire, occupe un immense emplacement dans le centre de la ville musulmane. Elle est, dans l'animation des ruelles environnantes, comme le foyer mystérieux où bat le cœur de l'Islam. Sorte de séminaire pour les futurs ulémas, elle représente aussi une espèce d'hôtellerie religieuse, où les étudiants sont assurés de trouver, avec le gîte, le pain du corps et la nourriture de l'esprit. Les cheiks y professent les textes coraniques et commentent les préceptes de la loi. L'édifice, à part la salle de prières, le bassin des ablutions et l'immense cour, renferme des quartiers appelés rouâg où logent les étrangers. « Chaque rouâg a son *nagher* ou surveillant, dépendant du directeur principal. On distribue tous les jours trente-huit quintaux de pain, ainsi que l'huile pour l'éclairage. A la fin de chaque mois, on pourvoit aux besoins des étudiants par une légère rétribution en numéraire[1]. »

Cette mosquée, fondée en 968, avait pris son nom d'El-Ahzar (mosquée aux fleurs) des nombreux parterres qui fleurirent ses jardins à l'époque des khalifes. Aujourd'hui, les cours se montrent seulement parées des fontaines et des colonnes, qui en représentent l'ornement. Déjà, au temps de Bonaparte, ces murs, où tant de fois le peuple vint chercher asile, ne renfermaient plus le tiers des étudiants qui l'avaient remplie aux beaux jours des Abbassides et des Ommiades. Pourtant il s'y rencontrait encore assez d'étrangers pour que plus de vingt idiomes différents y fussent parlés en plus de l'arabe, langue fondamentale de tout bon croyant. Il y avait là des Malais, des Chinois, des Indiens, des nègres du Cordofan et des Abyssins à la peau bronzée. Les Circassiens magnifiques, beaux comme des anges et fiers comme des rois, côtoyaient des Tartares aux larges pommettes, aux yeux bridés, à la peau huileuse. Les Persans au regard fuyant s'entretenaient avec d'aimables Candiotes. Les Égyptiens écoutaient les récits des Grecs musul-

---

1. Marcel, *l'Égypte française*.

mans de Cavala[1], la ville qui, pour la seconde fois, allait leur donner un maître. Enfin, les Syriens du Liban dissertaient gravement avec les moghrabins de ces côtes barbaresques, dont la possession ne tentait encore personne, tant on les jugeait inhospitalières et misérables. Les aveugles y montaient en foule, et toute une partie du monument leur était réservée. On sait que beaucoup de professeurs étaient choisis de préférence parmi les malheureux privés de la vue. Les chefs de famille, inspirés par une jalousie assez fréquente en pays musulman, pouvaient rassurer leurs craintes en introduisant chez eux les ulémas, incapables de distinguer les traits des femmes de leur harem. Peut-être, pratiquant la croyance populaire qui veut que les rossignols aux yeux crevés chantent d'une voix plus pure, ces hommes cruels recherchaient-ils, de préférence, les chanteurs aveugles, afin que les prières sortissent plus harmonieusement de leurs lèvres pour redire les paroles sacrées. Les aveugles formaient, comme aujourd'hui, une véritable corporation.

Suleïman l'Alépin avait lui aussi puisé la science divine en cette mosquée fameuse. Tout

---

[1]. On sait que le général Ptolémée, qui devint roi et fonda la dynastie des Lagides, était originaire de Cavala.

enfant, il avait traversé le désert, et, du fond de son pays de Syrie, il était venu vers la maison du Seigneur, où sa piété ardente, son application, son amour des livres, avaient attiré sur sa jeune tête la protection des directeurs et la sympathie de tous les maîtres.

Le néophyte aspirait à entrer dans la société des docteurs de la foi. Pour rendre sa vocation aussi complète qu'il le jugeait nécessaire, il fit en pèlerin le voyage de la Mecque et de Médine, sans se laisser abattre par les multiples difficultés du voyage ni effrayer par les périls de la route. Au commencement de l'année 1800, il fit encore le pèlerinage d'*El-Kouds* (Jérusalem), que tout bon croyant doit accomplir après celui de la Mecque. C'est là qu'à l'heure du retour il rencontra une partie des fuyards d'Héliopolis. Ces hommes, épouvantés par la rapidité de leur défaite, dépeignirent les vainqueurs comme autant de monstres vomis de l'enfer, capables d'exterminer les musulmans du monde entier. Leur vaillance cachait quelque sortilège, et il n'était pas trop de la force de tous les musulmans réunis pour les détruire. Avec les hyperboles magnifiques du langage arabe et sous les plus vives couleurs de l'imagination orientale, ils dépeignaient à Suleïman les malheurs de leur race humiliée. A les entendre, les Francs ne se contenteraient pas de leurs victoires présentes, ils reviendraient à nouveau occuper la Syrie, pousseraient jusqu'à la Mecque. La Caabah était menacée de tomber entre leurs mains !... La Caabah !... Il faut connaître l'âme musulmane pour comprendre ce que ce nom seul résume pour elle... La Caabah, c'est-à-dire le tombeau sacré du prophète, la pierre que les anges eux-mêmes scellèrent, en un lieu déjà respecté au temps des païens qui précédèrent les croyants en Arabie. Ce tombeau, lieu vénéré où tout mahométan a le devoir de se rendre au moins une fois en sa vie terrestre, est, pour les fidèles, ce que devait être au moyen âge le tombeau du Christ à l'heure où les chrétiens quittaient leurs foyers, abandonnaient leurs familles, se dépouillaient de leurs richesses, pour voler sur les bords du Jourdain et reconquérir cette place, tabernacle de la foi.

Dès le moment où Suleïman entrevit comme possible la profanation des lieux saints par l'armée ennemie, sa décision était irrévocablement arrêtée. Il couperait le mal dans sa racine, et, frappant le chef quel qu'il fût, il jetterait le trouble dans le cœur de ses soldats, empêchant ainsi l'envahissement des terres musulmanes et la marche sur la Syrie et l'Arabie. Suleïman partit avec une caravane chargée de savon et de tabac. Peut-être eût-il hésité si, arrivé au Caire, il avait trouvé dans la capitale une soumission plus aveugle, une acceptation plus franche à la domination des Français. Il rencontra au contraire dans le vrai monde musulman une irritation croissante, occasionnée par les événements de Boulak, une hostilité sourde mais profonde contre Kléber, que les cheiks de son entourage immédiat et les membres du divan essayaient en vain de dépeindre sous les couleurs les plus aimables.

S'il en eût été autrement, nul doute que le jeune Alépin n'ait été contrarié dans ses projets homicides par ceux-là mêmes auxquels il n'avait pas craint de les confier. Quatre de ses anciens professeurs à l'Université religieuse d'El-Azar avaient reçu ses confidences et encouragé sa funeste résolution.

Dès ce jour, Suleïman se prépara par le jeûne le plus rigoureux et les prières les plus ardentes à ce qu'il considérait comme la mission la plus haute que le Seigneur ait pu octroyer à l'un de ses fidèles dévots. Autour de lui, dans l'enceinte pieuse, nuit et jour les invocations s'élevèrent vers le ciel, et le *bohor*[1] fuma dans les vases de terre poreuse...

---

1. Encens.

Le 14 juin 1800, le crime s'accomplit.

La mauvaise fortune du général Kléber voulut précisément qu'il vînt au Caire ce jour-là, alors que depuis peu il avait quitté le palais de l'Esbékieh pour la maison de Mourad à Ghizeh. La demeure du quartier général nécessitant quelques réparations, il se rendait avec l'ingénieur Jean Protain, de l'habitation du général Damas, où il avait déjeuné, à l'ancienne résidence de Bonaparte, devenue la sienne au quartier général, quand, au détour d'une galerie reliant les deux maisons, il tomba sous le poignard de Suleïman. Celui-ci avait attendu toute la matinée, caché d'abord dans un puits voisin, puis sous les berceaux de verdure, assez touffus en cette saison pour dérober sa présence aux regards des passants.

Voici la copie du rapport du médecin en chef et celui de l'ingénieur Protain :

« Le 25 prairial, an VII de la République française. Nous soussigné, médecin en chef et chirurgien de 1re classe remplissant les fonctions de chirurgien en chef par intérim, avons constaté ce qui suit : A deux heures de l'après-midi, ayant entendu battre le tambour et ayant appris par la rumeur publique que le général Kléber venait d'être assassiné par trahison dans sa maison située à l'Esbékieh, nous nous y sommes rendu et nous avons trouvé le général sur le point de rendre le dernier soupir. Ayant examiné ses blessures, nous avons constaté qu'il avait été frappé par une arme aiguë et tranchante. Il avait quatre blessures : la première sous le sein droit, la seconde au-dessous de la première, à proximité du nombril, la troisième au bras gauche, qui est traversé de part en part, et la quatrième à la joue droite.

« En foi de quoi nous avons rédigé, en présence du secrétaire Sartellon, le présent rapport, qu'il a signé avec nous, pour être remis par lui au général en chef commandant des troupes.

« Fait au palais du général en chef, au jour et au moment ci-dessus. »

(Suivent les signatures du médecin chirurgien de 1re classe Casabianca et du secrétaire Sartellon.)

Et voici la déposition de l'architecte Protain, que le secrétaire Sartellon, rapporteur de l'affaire, alla enregistrer dans la maison de Protain, retenu au lit par ses blessures.

« Moi, Jean-Constantin Protain, ingénieur et membre de l'Institut d'Égypte, je déclare que pendant que je me promenais avec le général en chef, dans le grand parc quadrangulaire qui se trouve dans le jardin du général et qui donne sur le bassin de l'Esbékieh, j'ai vu arriver du fond un Turc. En ce moment, j'étais à quelques pas du général pour appeler les gardes. M'étant détourné pour voir ce dont il s'agissait, j'ai vu l'homme en question frapper le général de plusieurs coups de couteau. A cette vue je suis tombé à terre, mais, comme à l'instant j'ai entendu le général crier, je me suis relevé et me suis approché de lui. L'homme, qui le frappait encore, me porta également quelques coups de couteau. Je tombai par terre et perdis connaissance. Depuis lors je n'ai plus rien vu, mais je suis sûr qu'il s'est passé environ six minutes avant qu'on vînt à notre secours. »

Suleïman fut pris et arrêté par Joseph Brienne, cavalier artilleur attaché à la maison du général en chef, et un autre cavalier nommé Robert. Ce fut seulement après l'application d'une forte bastonnade que l'assassin, qui du reste avait subi la torture sans une plainte, consentit à avouer son crime. Par un décret du général Menou, qui prit le commandement à la mort de Kléber, une cour de justice fut immédiatement constituée pour juger les assassins. Cette cour de justice était composée de neuf membres, dont le général Régnier, le général Friant, le général Robin, le général Morand, le chef de service d'architecture Bertrand, l'avocat Régnier. Le secrétaire était M. Binet.

La cour tint sa première séance le 25 prairial dans la maison du général Dumas, administrateur de l'armée. Il fut procédé d'abord à l'interrogatoire de l'assassin, qui se poursuivit durant tout l'après-midi. Le soir à huit heures, les cheiks subirent à leur tour les questions du tribunal dans la maison du général Menou. La cour continua ses recherches le 26 et le 27 au soir; le secrétaire Sartellon fit son rapport aux magistrats réunis.

Il résultait de ce rapport, établi sur les réponses mêmes des accusés, que Suleïman n'avait pas agi complètement seul. En réalité, le malheureux, déjà poussé vers le meurtre par un zèle que seuls les dévots peuvent comprendre, avait aussi subi l'influence et les conseils de l'aga Yassim, lui-même agissant en vertu d'un ordre du grand vizir, heureux de trouver dans ce simple l'instrument de sa vengeance contre le chef franc qui l'avait vaincu. L'aga avait hâté le retour au Caire de Suleïman et lui avait remis trente pièces d'argent pour ses frais de route... Trente pièces d'argent!... La somme que Judas toucha pour vendre Jésus... Cette somme, Suleïman l'avait loyalement employée à l'achat d'un dromadaire, destiné au trajet nécessaire pour accomplir son voyage, et à celui du poignard qui devait l'aider à frapper le général en chef.

Les cheiks compromis avec Suleïman l'Alépin étaient sayed Mahammed-el-Ghazzi, sayed Ahmed-el-Waly, cheik Abdallah-el-Ghazzi et le sayed Abd-el-Kader-el-Ghazzi. Tous à l'unanimité avouèrent, après mille réticences, avoir eu connaissance des intentions du meurtrier, mais d'un commun accord assurèrent qu'ils flétrissaient son acte et auraient voulu de toutes leurs forces en empêcher l'exécution. S'ils avaient gardé le silence, c'était uniquement dans la certitude où ils demeuraient alors que Suleïman n'exécuterait point ses menaces et qu'un pareil meurtre était impossible. Le tribunal se montra implacable.

Suleïman ne montra aucune faiblesse en présence de ses juges. Les récits du temps nous le montrent maigre, petit, l'air un peu malade, le teint pâle, les yeux brillants, le front rasé. Par instants, sa tête, qu'il tient le plus souvent penchée sur sa poitrine, se relève. Il fixe insolemment les divers membres du tribunal, et, comme le dira le rapporteur dans son exorde, « il a tout l'air de se vanter de son œuvre en opposant le plus grand sang-froid aux questions qui lui sont posées. Il a subi la torture avec un calme dédaigneux ».

Il en sera de même du dernier supplice. Suleïman verra sans faiblir les apprêts de son atroce martyre. Il n'aura qu'une minute de révolte.

Tandis que, pour obéir à l'arrêt épouvantable, il devra, avant de subir le pal, présenter aux feux de charbons incandescents son poignet droit pour y être brûlé, un charbon égaré glissera jusqu'au coude, qu'il atteindra. « Fils de chien !... tu es en train d'outre-passer la sentence. Je dois avoir le poignet brûlé, non le bras !... »

Et sur ces paroles, où perçait une indignation plus grande peut-être que la douleur, Suleïman cracha au visage de celui qui dirigeait les bourreaux, ce fameux Barthélemy, si souvent nommé en ce récit.

Barthélemy avait lui-même sollicité le triste privilège de présider aux apprêts du supplice; toute la cruauté de sa nature orientale se réveillait à cette heure, un orgueil mauvais gonflait sa poitrine, rien qu'à contempler le châtiment de cet infidèle, frère de ceux qui jadis l'avaient commandé et battu, lui le raya, à présent investi par l'étranger d'une puissance dont son fol orgueil doublait le mérite.

Quand les complices de Suleïman eurent subi leur peine, sitôt que les têtes sanglantes se furent présentées au bout des perches où les soldats venaient de les soulever pour les montrer à la foule pantelante, le martyre du meurtrier commença.

Après que les aides du bourreau eurent fait

suffisamment calciner le poignet de sa main droite, Suleïman fut empalé selon les règles épouvantables de ce genre de supplice. Une large entaille fut pratiquée dans les chairs vives pour permettre l'introduction du bois préalablement effilé, puis, une fois traversé de part en part et la perche homicide délicatement soulevée, le malheureux subit une atroce agonie de quatre heures, qui parurent interminables même à ceux qui le voyaient souffrir. Suleïman ne laissa pas échapper une plainte, pas un murmure de révolte. Son corps, que soulevait par instant de larges ondes douloureuses, eut un long tressaillement, ses paupières battirent, comme aveuglées par l'affreuse ardeur du soleil, et la mort bienfaisante descendit enfin sur lui.

On se figure ce que peut être une pareille exécution par la température tropicale de l'été égyptien. Ce malheureux, déprimé par quarante jours de jeûne, énervé par l'attente de l'heure propice à ce qu'il croyait être une mission venue d'en haut, exténué enfin par cette demi-semaine d'incarcération et l'interminable interrogatoire de la cour de justice, arrivait sans force au lieu du supplice. Il eut pourtant le triste courage d'y marcher sans faiblir. Il alla sous l'ardeur aveuglante du brûlant midi, il accomplit l'interminable route qui va de l'Esbékieh à la citadelle.

A l'heure suprême, ses lèvres glacées par les affres du moment suprême eurent encore la force de murmurer la formule de sa foi : *Lah! Illah! Illah allah! Mohammed Rassoul Allah!* Ses yeux, blessés par l'aveuglante réverbération, se posèrent une dernière fois sur la ville où, tout jeune homme, il était venu, poussé par une fièvre sacrée, apprendre dans le *Livre* les mystères de l'Islam. Une main invisible avait armé son faible bras. Il avait tué, et maintenant il achevait de subir sa peine, stoïquement, avec peut-être un peu de mépris pour ceux de sa race, qui lâchement l'abandonnaient à l'heure du bon combat. Même les soldats turcs qui le gardaient refusèrent de satisfaire son ultime envie : apaiser la soif qui brûlait sa gorge, calmer la brûlure de ses entrailles! Il fallut que ces gardiens s'éloignassent pour que les soldats français qui demeuraient auprès du pal lui tendissent un bol d'eau au bout de leurs baïonnettes. Et, tout aussitôt après avoir bu, il expira, cependant que les funérailles du général Kléber déployaient leur pompe jusqu'au jardin de *Kassr-el-Aëni*, où la dépouille du général fut inhumée provisoirement.

L'événement parut sans doute plus impressionnant aux âmes européennes qu'aux esprits fatalistes de la population indigène. Puisque la tentative de Suleïman avait échoué, il subissait sa peine. C'était justice. Menou ordonna à ce moment les plus méticuleuses précautions. La ville, calmée, ne songeait aucunement à la révolte. Sur la proposition même des cheiks Charkavvoui-el-Mahdy et El-Savvoui la mosquée d'El-Ahzar fut provisoirement fermée et ses portes clouées. Les étudiants s'étaient empressés de déménager et d'emporter leurs effets. Ses livres mêmes furent transportés ailleurs.

Il sera peut-être curieux de lire ce passage de Djabarti, dépeignant avec son habituelle simplicité la cérémonie des funérailles du général. On y verra que pour les indigènes tous les événements qui venaient de bouleverser en une semaine le quartier général étaient loin d'avoir la même répercussion dans la cité indigène.

« Dans la nuit du lundi au mardi, 25 moharram, on publia l'ordre de balayer les rues dans le voisinage de la résidence des autorités.

« Le lendemain matin, les troupes, les officiers supérieurs et beaucoup de Coptes et de Syriens sortirent en grand cortège pour assister au convoi funèbre du général, les uns à pied, les autres à cheval. Le corps de Kléber était dans un coffre de plomb fermé, il était placé sur une voiture. Sur le coffre étaient placés le chapeau du général, son sabre et le poignard meurtrier encore couvert de son sang. Aux quatre coins de la voiture étaient quatre drapeaux noirs. Les tambours couverts d'un crêpe battaient d'une autre manière que de coutume *(sic)*. Les soldats portaient les fusils renversés, chacun d'eux avait en outre autour du bras un morceau d'étoffe noire en soie. Le cercueil était recouvert de velours, avec des larmes d'argent. On se mit en marche, on tira de nombreux coups de canon et de fusil. Le cortège partit de l'Esbékieh, passa par la rue Bab-el-Khark, suivit la route de Djamamiz aboutissant à Kassrieh, et s'arrêta au monticule Akareb devant la forteresse qui y avait été précédemment construite par les Français. A son arrivée dans cet endroit, le convoi fut salué par une salve d'artillerie. Suleïman l'Alépin et ses trois complices s'y trouvaient déjà. Ils furent exécutés conformément aux dispositions de l'arrêt, et le cortège poursuivit ensuite sa marche jusqu'à la porte du palais de Kassr-el-Aéni. Là, le cercueil fut déposé sur un endroit élevé du sol. On le recouvrit de terre et on l'entoura d'une grille. La tombe était ombragée par une tente en toile blanche, et tout autour on avait planté des cyprès. Deux fonctionnaires y furent placés pour veiller nuit et jour à la conservation du monument, et tout se termina ainsi. »

Il est impossible d'être plus sobre et plus explicite à la fois. Aussi me semble-t-il équitable de citer encore quelques passages de ce même Djabarti relativement au jugement de l'assassin Suleïman.

« Le dossier de l'affaire fut imprimé dans les trois langues française, turque et arabe. Il contient tous les détails du crime et donne une idée de la justice chez les Français, *nation qui n'a pas de religion* (sic), mais qui se conforme au jugement de la raison. On y trouvera une leçon digne d'attention. En effet un homme sans aucune importance arrive, par la perfidie, à assassiner le chef des Français. Cet homme est arrêté porteur de l'arme dont il s'est servi pour commettre le crime; l'arme ruisselait encore du sang de la victime. L'assassin, interrogé, avoue son crime et dénonce ses complices. Dans ces conditions, on s'attendait à voir ces Français châtier le coupable et ses complices aussitôt après son aveu. Mais non, la chose se passa autrement. On créa un tribunal, on fit un procès à l'assassin, qui fut interrogé plus d'une fois, tantôt simplement et tantôt sous la torture. Ceux qu'il dénonça furent également interrogés, d'abord simplement, et ensuite en confrontation. Enfin la peine prononcée contre les coupables fut strictement appliquée, et Moustapha Effendi Bourosli, reconnu innocent, fut aussitôt mis en liberté. Il y a bien loin de ce que nous venons de dire et ce que nous devions voir dans la suite de la part de vils soldats qui prétendent être de vrais croyants et n'hésitent pas cependant à détruire la vie humaine rien que pour satisfaire leurs passions brutales[1]. »

Djabarti, la conscience même, fait ici allusion aux événements qui survinrent quelques années plus tard, après le départ des Français. Quand les vizirs envoyés du sultan pour gouverner le Caire arrivèrent en Égypte, il n'est pas d'outrage qui ne fut infligé à la malheureuse population. Les émirs, les premiers, purent se convaincre de la dureté impitoyable de leurs nouveaux maîtres. Entre autres abominations, l'un de ces vizirs, non content de faire couper autant de têtes qu'il y avait de vaincus, faisait appeler le boucher en même temps que le bourreau, et, sitôt les têtes tranchées, le boucher avait ordre de préparer les têtes, de les dépecer et de les remplir de paille, afin d'en rendre la conservation plus facile, après quoi elles étaient par centaines expédiées à Constantinople, comme trophées de la campagne égyptienne.

Les fellahs, les marchands qui ne mettaient pas assez de célérité à payer les impôts dont on

---

[1]. Allusion aux agissements des Turcs.

les accablait sans cesse, voyaient leurs oreilles clouées au seuil de leurs maisons ou aux portes de leurs boutiques, jusqu'à ce que la somme exigée par le fisc fût versée complètement. Les soldats turcs prenaient aux négociants du Caire toutes les marchandises qui leur plaisaient, les payaient le plus souvent en fausse monnaie ou en coups de bâton, et, si le malheureux faisait mine de se plaindre, on le saignait tout de suite.

Avec les Français, il en était advenu tout autrement. Djabarti, dans sa sagesse, a su leur rendre justice. Si j'ai tenu à le citer si souvent, c'est parce qu'il ne me semble pas possible de mieux exprimer l'opinion des véritables Égyptiens de ce temps que ne l'a fait l'admirable historien, qui, dans sa modestie profonde, nous raconte jour par jour les événements qui se succédèrent dans sa patrie, sans avoir l'air de supposer un instant que ce journal écrit par lui sans recherche puisse avoir d'autre intérêt que le plaisir qu'il prend à le rédiger, à une époque où si peu pourtant connaissaient les lettres. Et c'est précisément cette simplicité qui inspire notre confiance... Djabarti nous convainct surtout parce qu'il ne cherche pas à nous en imposer.

Son récit de la mort de Kléber et ses impressions sur les faits qui la suivirent valent un long volume. Nous y voyons le peu d'importance que prit aux yeux cet événement, si gros de conséquences pour la réussite définitive du projet de Bonaparte. Il eut d'ailleurs pour résultat immédiat une tranquillité générale dans toute la contrée. Le pays malheureux ne cherchait pas les complications. Kléber disparu, il appartenait à Menou de régner désormais sur cette Égypte pacifiée et résignée. Pour tout autre, peut-être, la tâche eût paru facile. Elle dépassait pourtant la mesure de sa valeur. Abdallah Jacques Menou, malgré d'incontestables qualités guerrières et les efforts tentés pour s'attirer la sympathie des indigènes, même au prix d'une apostasie, n'était pas de taille à faire oublier le vainqueur d'Héliopolis. Ainsi s'envola le plus beau rêve de Bonaparte. Tous les espoirs nés de la plus glorieuse des conquêtes se trouvèrent détruits par la mauvaise fortune de ses lieutenants. La mort de l'un, l'incapacité absolue de l'autre arrêtèrent l'effort magnifique. Il fallut partir...

QUATRIÈME PARTIE

———

Le Mariage de Menou

QUATRIÈME PARTIE

LE MARIAGE DE MENOU

On a dit de Menou qu'il avait de l'intelligence, de l'esprit, des connaissances étendues, une grande application au travail, le goût des établissements coloniaux, toutes les qualités d'un administrateur mais aucune d'un général.

A l'heure du débarquement, au moment où l'armée française prenait pied sur la terre égyptienne, il témoigna d'une incontestable bravoure.

Débarqué l'un des premiers sur la plage du Marabout, à la tête de ses grenadiers, il avait, au mépris de tout danger, planté le drapeau tricolore sur une des tours d'Alexandrie, après un assaut terrible et malgré les nombreuses blessures dont il était couvert.

On a peut-être trop oublié par la suite la conduite valeureuse du général en cette journée où chacun sans doute lutta de témérité et d'ardeur, mais où Menou, particulièrement, se fit remarquer par un indomptable courage, une sauvage énergie, dont il ne devait d'ailleurs jamais donner d'autres preuves durant toute la compagne.

Il semble que dans l'attaque d'Alexandrie ce général ait épuisé la somme de ses vertus militaires. En une fois et pour toujours, il se signala parmi tous ses compagnons, puis, retombé à la nonchalance coutumière de sa nature, il ne fut plus qu'un bon intendant, soucieux seulement de faire fructifier les biens qui lui étaient directement confiés.

Les blessures qu'il avait reçues à l'assaut d'Alexandrie furent une excuse suffisante pour l'obliger à prolonger son séjour dans cette ville. A cette nature pleine de mollesse, à ce tempérament essentiellement lymphatique, le moindre prétexte était bon. Tandis que ses compagnons, comme soulevés par les transports d'une surhumaine folie, ne souhaitaient que le péril, ne demandaient que l'action, Menou, particulièrement pacifique, éternellement fatigué, préférait le moindre logis à la plus somptueuse tente. Les plaisirs guerriers ne lui disaient rien... Cependant, la guérison achevée, il fallut partir...

Il est à présumer que ce ne fut pas sans regret que le général quitta la ville d'Alexandrie. Nul doute qu'avec son esprit pratique, la belle entente qu'il avait des affaires, il n'eût résolu le problème difficile de faire de ce séjour une période de tranquillité. Là, sans doute, comme partout où il passa par la suite, il avait su se créer des relations, entretenir des intelligences avec les indigènes, se faire soigner et offrir des présents de toutes sortes...

*
* *

Vers les derniers jours de messidor, il se mit en route pour Rosette, dont on venait de lui confier le gouvernement.

Il était accompagné par Poussielgue, appelé au Caire pour organiser les finances, et par Denon, homme du monde, conteur aimable, excellent dessinateur, qui, dans un âge avancé, était allé, par amour pour les arts, partager les périls et les travaux de cette jeune armée.

Le voyage se fit par mer.

« Un petit aviso ancré dans le port neuf les reçut à son bord à la suite du général Menou, mais on n'avait pas eu la précaution d'embarquer un pilote du pays, et le capitaine français, ignorant les difficultés de la côte et les passes du Boghas (barre du Nil), exposa ses passagers pendant deux jours à un naufrage imminent. A peine avait-on fait quelques lieues en mer que la brise souleva les vagues, et Menou, saisi d'un vomissement convulsif, vint tomber de sa hauteur sur la culasse d'un canon. Le coup fut terrible. Sa tête saignait d'une large blessure, et longtemps il resta évanoui entre les bras des matelots [1]. »

L'aviso se trouvait alors en vue de la rade d'Aboukir, en face de la flotte. Poussielgue et Denon délibèrent pour savoir si l'on ne va pas ramener Menou et le transporter à bord de l'*Orient*, dont on aperçoit les vergues à quelques toises... Il ne faut pas songer à consulter le général. Il semble glisser à une lente agonie, tout le monde à ce moment a plus ou moins perdu la tête, et dans le vent qui fait rage, sous les lames qui à chaque instant couvrent le pont d'un manteau d'écume, on n'entend plus que les hurle-

---

[1]. *Histoire scientifique et militaire de l'expédition d'Égypte.*

ments des matelots, les cris de terreur des passagers et, par-dessus tout, la plainte du blessé montant lamentable parmi les craquements sinistres de la mâture et la fureur des éléments déchaînés.

Quelques hommes dévoués sautèrent dans les chaloupes et essayèrent d'aller sonder ces parages pour reconnaître la route. Mais une horreur nouvelle acheva de plonger les malheureux voyageurs dans la plus noire mélancolie. De ces intrépides officiers partis à l'aventure, pas un ne revint sur l'aviso; ils périrent tous sous les yeux terrifiés de leurs camarades, et leurs appels désespérés augmentèrent encore l'épouvante sans nom de ce tableau.

Enfin le ciel parut s'éclaircir, les vagues se ralentirent, la mer se calma. Le lendemain, l'aviso dépouillé de ses mâts, sa voilure en lambeaux, son pont jonché de débris, faisait une entrée piteuse dans la ville de Rosette.

Rosette!... ce nom seul évoque dans notre langue française quelque chose de gracieux et de joli. Le nom arabe *Rachid* semble moins harmonieux. Ce nom lui vient du sultan Harould-al-Rachid, qui la fonda près de la Bouche Balbitine vers l'an 870.

Rachid, très prospère au moyen âge, devint le passage de toutes les marchandises qui remontaient au Caire.

Les khalifes en firent une seconde capitale. Par son site particulièrement enchanteur, grâce au voisinage tout proche de la mer et à la splendeur magnifique du Nil en cet endroit, Rosette, ses environs, surtout la partie orientale du Nil, n'offraient qu'un vaste jardin ravissant à parcourir. Ce Delta, formé par les atterrissements du fleuve, était une plaine d'alluvion, où, sur un limon fertile, se développait une végétation puissante et variée. Des bois de palmiers ombrageaient au loin des champs de riz et de blé; le lin, le coton, le maïs, les cannes à sucre, tout prospérait dans cette terre infatigable, qui ne se refusait à rien.

C'est sans doute des rives heureuses de la ville de Rosette que le poète Kal'el Ahbar écrivait à ses amis : « *Qui veut avoir une idée du paradis ou de quelque chose d'approchant n'a qu'à regarder l'Égypte quand les cultures sont verdoyantes ou que les fleurs commencent à se former...* »

C'est encore de Rosette qu'un autre barde a écrit, parlant du Nil :

>   Regarde le soleil se coucher sur le Nil...
>   Et vois derrière lui le rouge crépuscule.
>   L'astre semble cacher dans un rayon subtil
>   Le feu qu'il éteindra parmi les libellules,
>   Et plongeant lentement sa boule sous les eaux,
>   Tandis qu'à l'horizon pâle monte la lune,
>   Glissant, tel sur un lac, le rapide canot.

Si l'on ajoute à tous ces charmes de la nature le mouvement d'une cité essentiellement commerçante, le va-et-vient occasionné par les fréquents passages des Francs, Arméniens, Juifs, Grecs, Italiens, le siège des consulats plus importants que celui du Caire, on aura une idée de ce que pouvait être vers 1797 la vieille capitale des khalifes...

Pour les musulmans riches, Rosette demeurait un séjour unique, sorte d'Éden où presque tous les pachas du Caire possédaient un palais ou une villa sur les bords du Nil. La plupart des faïences et des boiseries, vestige du bel art arabe, recueillies au musée du Caire, viennent de Rosette [1]...

Là, en des demeures fastueuses, en des pièces meublées de divans moelleux, garnies d'étagères supportant des poteries aux teintes multicolores, parées de tapis de prix, les riches oubliaient dans ce keff délicieux, qui est demeuré l'apanage de la race orientale, l'occupation étrangère et les misères du sort...

Aucune autre ville égyptienne ne pouvait con-

---

[1]. C'est à M. Aly-bey-Baghat, conservateur du musée de l'Art arabe au Caire, que l'on doit les plus belles découvertes de l'époque musulmane en Égypte. Par ses soins, la plus grande partie des objets recueillis dans les provinces ont été classés dans ce musée dont Aly-bey-Baghat développe chaque jour la richesse et la beauté.

venir aussi bien que celle-là à la nature apathique, aux goûts voluptueux du général Menou. Il devait en donner la preuve par la suite, alors qu'appelé en hâte, soit au Caire, soit sur la route de la Syrie au moment de la funeste campagne, il attendit constamment de n'être plus nécessaire pour se montrer.

« On ferait plus aisément lâcher un os au chien le plus affamé qu'au général Menou sa résidence de Rosette. » Ainsi s'exprime un officier de l'expédition écrivant à sa famille. Rosette devait exciter d'ailleurs le même enthousiasme, inspirer le même amour à chacun de nos soldats. Privés d'eau, les yeux brulés par l'ardeur aveuglante d'un soleil torride, la gorge desséchée par l'âcre poussière du désert, on conçoit facilement la joie presque enfantine qu'ils durent éprouver à la vue des rives verdoyantes de Rosette.

Le capitaine Thurman dépeint ainsi l'impression que produisit la ville bénie à ses hommes et à lui-même lors de leur arrivée à Raschid.

« Nous étions heureux de fouler l'herbe à nos pieds et nous nous baissions pour la toucher... Nos regards erraient délicieusement sur les jardins et les sites pittoresques qui entourent la ville. Je comprenais pour la première fois le fleuve sacré et les oignons fétiches de l'ancienne Égypte.

« Nous entrâmes tambours battants par les rue étroites : mais, parvenus bientôt aux bazars, nous nous trouvâmes au milieu de maisons élégantes, bâties en briques, d'une population animée, et puis en face du Nil.

« Nous fîmes une course en djerme, sur le bras de la rivière jusqu'au Bogasse. On appelle ainsi sur les côtes du Delta les diverses embouchures du Nil et des lagunes. Tout me paraissait admirable!... »

Et, pour ajouter aux charmes innombrables de ce séjour enchanteur, le capitaine Thurman a la chance d'être reçu chez notre compatriote M. Varsy, négociant à Rosette, « où il a la liberté de porter le costume européen, ce qui est une exception *(sic)* ».

La maison et la kan de ce commerçant se trouvaient alors sur la place même de la jetée. Le capitaine Thurman, en compagnie du général Dumay, trouva chez ce Français des bords du Nil l'hospitalité la plus généreuse et « un excellent repas parisien », chose que les privations sans nombre de la campagne devait rendre pour nos officiers particulièrement délectable.

Aussi, ce même capitaine Thurman gardera-t-il à jamais le souvenir de la ville délicieuse. Quelques mois plus tard, cantonné dans la plaine aride du fort Bourlos, saturé de tristesse et d'amertume, il s'écriera : « Que n'avons-nous autour de nos tentes cinquante bananiers des jardins de Rosette! »

Pour Menou, tout cela ne devait compter que plus tard, alors que, remis de ses blessures et des secousses d'un voyage aussi pénible, il put se rendre compte des avantages de sa résidence; mais, le jour où les hommes de l'aviso le débarquèrent, les indigènes pouvaient lui dire en fait de bienvenue la phrase du poète arabe :

> Et tu auras pour eunuques ici
> Mounkir et Nakir, anges de la mort...

On sait que ces vers furent appliqués aux chefs de l'armée de saint Louis, dans une sorte de cantate épique, écrite par Ahmed ben Ismaïl-el-Zaïjat, Tusisien de Carthage, au moment où le roi de France débarquait dans sa patrie.

Pour l'instant, Jacques Menou, ci-devant marquis Menou de Bonneval, n'en menait pas large. Il fallut soigner ses plaies, remonter ses forces, tâche à laquelle les médecins du camp n'eurent garde de manquer.

Sitôt rétabli, le général s'occupa de pacifier la contrée qui lui était confiée. La chose n'était pas facile. Dans l'incapacité absolue où se trouvait le fellah de comprendre la force de ses nouveaux ennemis, les villages se soulevaient sans relâche, à la suite de leurs chefs omdehs [1], courant imprudemment au-devant des pires dangers... Le hameau d'Alkham, ceux de Métoubys et d'Atfaïnchn se signalèrent par la violence de leurs attaques contre les Français, qui ne demandaient qu'à occuper leur territoire pacifiquement. Les fellahas tuaient et massacraient sans pitié tous les chrétiens qui se trouvaient sur leur passage, coupaient les communications, détruisaient les travaux des officiers, mettaient le feu aux bateaux que l'on envoyait au quartier général et à ceux qui en revenaient.

On essaya d'abord de négocier en demandant des otages, mais les mameluks avaient trop bien façonné le peuple égyptien à ses coutumes barbares : les moyens ordinaires ne réussissaient pas avec lui. Il fallait sévir. Tandis que les chefs indécis se concertaient, un événement se présenta qui força la volonté du commandant de la place de Rosette...

Un djerme [2] portant des dépêches au général

---

[1]. Les omdehs remplissent les fonctions de nos maires de village.
[2]. Sorte de bateau servant au transport des marchandises.

en chef venait d'être attaqué à la hauteur de l'Atfeh. Les passagers, tous Français, après s'être vaillamment défendus, avaient été enchaînés et conduits sous escorte à Salamiyeh pour y être fusillés.

Menou expédia deux cents hommes, le village fut cerné, saccagé et brûlé par nos soldats, avides de venger leurs malheureux compagnons.

La ville de Fouah envoya aussitôt des députés pour demander l'aman[1], et tout rentra dans l'ordre.

Pendant ces journées de troubles, Denon se couvrit de gloire, non pas à la manière des officiers, donnant ou recevant la mort avec le même calme et poursuivant les fuyards jusque dans les chemins les plus difficiles, mais en conservant au milieu des pires dangers l'attitude tranquille qui ne le quittait pas, avec, pour seules armes, la collection de ses crayons, dont il se servait un peu partout au milieu des matelots ou des soldats, parmi les négociants de Rosette ou les fellahs rebelles de Salamiyeh, croquant avec la même prestesse, examinant avec la même sérénité, ici les vagues déchaînées à l'entrée du Boghaz[2], là le pillage et l'incendie après l'émeute,

---

1. Traité de paix.
2. Les Français de l'époque écrivaient *Bogasse*. Il nous a semblé préférable de conserver ici à ce mot la prononciation arabe.

plus loin une tente, un groupe d'Arabes, une procession funèbre, etc. C'est à l'admirable sang-froid des dessinateurs, à ce mépris constant du danger personnel, qui les fit s'exposer devant l'ennemi jusqu'aux dernières heures de l'occupation à seule fin de rapporter en France une mission plus complète, que l'on doit ce monument unique qui forme les illustrations de l'expédition d'Égypte. Parmi ses collègues, Denon[1] mérite d'être cité le premier, car à ses talents ordinaires il joignait une érudition profonde, un esprit charmant et des facultés d'observation doublant le prix des ouvrages qui nous restent de lui.

A côté de Denon et suivant les généraux Marmont et Menou, se trouvait le peintre paysagiste Joly, qui devait périr de si tragique façon. Accompagné de Dolomieu, d'un interprète et de quelques domestiques, la petite troupe avait quitté Dessouck, la ville fameuse par le tombeau du cheik Ibrahim, auprès duquel les femmes se rendent en pèlerinage; on arrivait en vue du village de Chahbas-amar, quand des cris sauvages se firent entendre :

---

1. Denon s'est appliqué surtout aux scènes pittoresques, aux tableaux de l'Égypte de son temps. Dutertre s'est plu aux portraits des hommes de l'époque.

— *Ergaa-Ergaa!* (arrière! arrière!)

Des fellahs, des Bédouins, des nègres se précipitaient farouches au-devant des Français, la menace à la bouche, l'œil terrible. En vain on essaya de parlementer avec eux. Aux paroles ils répondirent par des coups de fusils et des pierres lancées de toute la force de leurs bras dans la direction des officiers.

De tous côtés, l'ennemi arrivait, cernant les routes. Les Français durent fuir. La lutte n'était pas possible. Seul, le peintre Joly, frappé d'une terreur indicible, se laissa glisser de sa monture. Ses compagnons le hissèrent à nouveau sur sa selle. Il retomba. On voulut le prendre en croupe. Il glissa et, paralysé de terreur, il fit entendre qu'il ne pouvait ni lutter ni les suivre. On dut l'abandonner pour ne pas sacrifier le reste des hommes, et il fut presque aussitôt massacré. Menou, son cheval tué sous lui, emprunta celui d'un des serviteurs de l'escorte, courut chercher du renfort; il revint aussitôt attaquer le village, dont il ne resta pas une hutte.

Cependant, la révolte apaisée, Menou songea à établir solidement les bases de sa résidence. La sévérité dont il venait de montrer la preuve à l'égard des mutins était bien faite pour terroriser la population de Rosette, moins coutumière des révoltes que celle du Caire, toujours sous le coup d'une attaque ou d'une mesure arbitraire de ses mameluks.

Aux yeux des habitants, le général Menou prit tout de suite la figure d'un conquérant redoutable, prompt à faire justice des moindres injures. La simple prudence conseillait de gagner ses bonne grâces.

Avant d'essayer de ce moyen, les Rosettois, craignant par-dessus tout pour la sécurité de leurs harems, jugèrent à propos de réduire encore la somme de liberté déjà si précaire accordée à leurs femmes. Plus de sorties par les rues joyeuses aux matins dorés de l'été égyptien... plus de soirées passées les unes chez les autres à sucer des grains de raisins ou de grenades, à croquer les pâtes d'amandes parfumées à la rose ou les pistaches salées *(fostouh)* et les arachides *(foul soudani)* préalablement grillées.

Plus de promenades sur le fleuve dans les canges recouvertes de tentes aux broderies magnifiques. Plus de veillées aux cimetières, ces veillées où, après les premières heures données au souvenir des morts, on en arrive peu à peu à ne plus même écouter les prières que les cheiks psalmodient de leurs voix monotones, dans la pièce voisine. Insensiblement gagné par la douceur de l'heure et la nouveauté étrange du lieu, on finit par oublier complètement la cause qui vous y conduisit, pour ne plus goûter que le charme un peu morbide de cette nuit extraordinaire, sur les matelas soyeux et sous la clarté des cierges innombrables donnant à ces antichambres de la tombe une apparence de paradis. Là, délivrées de toute contrainte, les femmes, loin des regards des époux, se laissent aller à une sorte de griserie très particulière, dont le repas pieux, le repas consacré aux mânes des morts, achève de troubler la cervelle un peu engourdie, cependant qu'aux portes du funèbre enclos les pauvres se régalent des nombreux restes du festin. Plus que les visites aux cimetières les séances de hammam (bain) furent défendues.

J'emprunte à un homme de l'époque cette description d'un bain à l'heure qui nous occupe. « Les bains sont dans ce pays tout à la fois un devoir de religion et un plaisir. C'est au bain que les femmes turques trouvent la seule distraction à leur captivité ; elles s'y rendent chaque semaine couvertes de leurs plus riches habits et de leurs joyaux les plus précieux. On s'y rassemble dans une salle commune, on s'y donne rendez-vous pour y traiter des affaires secrètes ou conclure des mariages.

« En entrant dans un hammam ou bain public,

la première pièce est une rotonde ouverte au sommet. A l'entour, règne une estrade sur laquelle se déposent les vêtements, et au milieu un bassin d'eau jaillissante. De là, on passe dans diverses galeries où la chaleur augmente graduellement, et l'on arrive avec une simple chemise dans la salle du bain. Ce bain, pavé et lambrissé en marbre, est un appartement spacieux et voûté, où la vapeur d'une fontaine d'eau chaude se mêle au parfum des aromates. Là, au lieu de se plonger dans une cuve oblongue comme en Europe, on s'étend librement sur des nattes fines et moelleuses, et, la tête appuyée sur un coussin, on s'enveloppe dans un nuage odorant qui pénètre dans tous les pores. Peu à peu une moiteur douce et graduelle s'échappe de tout le corps, les fibres se dilatent, les membres s'assouplissent. Alors, une servante de l'établissement vient masser les chairs et faire craquer les jointures; puis la main garnie d'un gant de crin exerce sur tout le corps un frottement rapide et salutaire. A cette friction succède une faiblesse générale. On quitte alors cette atmosphère pour passer dans des pièces moins chaudes. La baigneuse reparaît de nouveau avec de l'eau tiède, qu'elle jette en douche sur les épaules avec de la mousse de savon et de l'eau de roses, destinées à parfumer le corps, puis elle vous laisse étendu sur des divans somptueux où l'on répare ses forces avec du café et des sorbets. Ce n'est qu'au bout de plusieurs heures qu'on sort enfin de ce lieu de délices [1]... »

C'est au hammam que se passaient alors pour les femmes l'après-midi et la soirée du jeudi, au hammam encore qu'était conduite la fiancée à la veille de la nuit du henné, *leïlt el henné*. Cette cérémonie consiste à épiler, coiffer la jeune épousée, après quoi les ballanas (baigneuses) teignent en rouge ses pieds et ses mains (ongles et paumes). Aujourd'hui, seules les filles du vulgaire accomplissent au hammam ces vieux rites d'un autre âge. Pour la noblesse et la bourgeoisie, toute la toilette de la mariée se fait au logis paternel. Cette fête a pris son nom de nuit du henné à cause de la teinture qui doit être appliquée exactement ce jour-là. Le second jour, la jeune fille est conduite solennellement chez son futur époux et le mariage se conclut le soir même. De là le nom de *leïlt el dorla*, donné à cette seconde représentation (nuit de l'entrée) à laquelle est donné le plus grand éclat.

Nous voyons qu'au temps de l'expédition française le bain représentait le lieu d'élection

---

[1]. *Journal d'un savant de l'expédition d'Égypte.*

pour les femmes musulmanes. Les priver de s'y rendre correspondait à la censure qui consisterait à interdire aujourd'hui à nos Parisiennes la visite aux grands magasins.

Pourtant cet arrêté des pères et des maris de 1798 ne désolait pas seulement les petites musulmanes de Rosette... Il faisait aussi le désespoir de la corporation des baigneurs, qui, de ce fait, voyaient le plus clair de leurs bénéfices anéanti.

Les hommes ne pensaient guère pour l'instant aux plaisirs du bain, tout occupés qu'ils étaient de parer aux difficultés sans nombre de l'heure présente. Et les soldats français, à peine arrivés, encore mal payés, peu habitués d'ailleurs à l'étuve, ne devaient commencer à apprécier que bien plus tard les bienfaits du hammam oriental.

La clientèle féminine supprimée, autant fermer les établissements.

Et comme les plus grands effets découlent le plus souvent des causes les plus infimes, nous allons voir que pour avoir voulu empêcher leurs filles de se rendre au bain les Rosettois préparèrent l'apostasie de Jacques Menou.

Parmi les baigneurs se trouvait un homme plus pratique qu'austère, plus commerçant que dévot. Cet homme gardait dans le mystère du gynécée une fille sur laquelle les opinions ont varié souvent depuis lors, mais il est incontestable qu'elle montrait un corps aux proportions harmonieuses et de fort beaux yeux. Petite, grasse à point, mais suffisamment alerte en vraie fellaha, Zobeida n'avait pas vingt ans, âge qui paraîtrait jeune pour nos filles de France, mais qui, pour une Égyptienne du peuple, pouvait sembler déjà vieux. Rares sont les mères qui, en Égypte, se désespéreraient en voyant leur fille arriver à pareil chiffre sans avoir trouvé un mari... Nous ne pensons pas que la fille du baigneur témoignât d'une trop grande timidité. Sans doute elle avait joué longtemps comme ses pareilles sur les places de la ville. Elle n'était point une hanem [1], et le voile ne lui avait pas été imposé trop tôt... Il n'est pas très sûr que l'idée d'aller trouver le général franc fût venue tout à fait d'elle, mais il est à présumer qu'elle accueillit cette idée sans répugnance. Sans doute, le complot mûrit patiemment entre quelques folles têtes dans l'ombre tiède du harem. Comme toute mission exige un mandataire, la fille du baigneur s'offrit sans hésitation. Le métier du père excusait à peu près la

---

1. Dame ou demoiselle.

démarche de l'enfant. Nous ne savons rien de l'amie qui l'accompagnait, si ce n'est qu'elle se nommait Fatouma.

Voilà donc les jeunes filles envoyées extraordinaires des dames de la ville de Rosette auprès du général Menou...

Le plus grand mystère avait présidé à cette démarche. Combien d'eunuques et de négresses fallut-il gagner?... A quelle somme se monta le prix de leurs complaisances? Il est bien difficile de le savoir... Toujours est-il que la petite cabale organisée dans la maison du baigneur réussit à souhait.

Un matin de vendémiaire, l'aide de camp du général introduisit devant lui deux femmes indigènes dont le voile fait d'un tissu clair ne dissimulait pas assez les tailles sveltes ni les yeux fripons de celles qui le portaient. Menou distingua particulièrement le regard hardi, les poses légèrement provocantes de la plus âgée, celle qui, plus audacieuse, exprimait au général, à l'aide d'un interprète, le but de sa visite chez lui.

Elle venait, en suppliante, réclamer du chef l'abrogation des lois tyranniques qui privaient maintenant les femmes de Rosette de leurs plus innocentes distractions : les visites au cimetière et le bain. Il n'avait qu'un signe à faire, lui le puissant, l'envoyé de Dieu, il serait obéi aussitôt.

Menou, subjugué, promit.

Dès cet instant son destin s'accomplissait.

Il n'eut garde de manquer à sa parole. Le lendemain, un édit déclarait que « les femmes étaient pour les Français un objet de respect, que le général Bonaparte avait lui-même attaché la peine de mort à toute violence contre le sexe, qu'enfin tous les cheiks et ulémas, rassurés par cette déclaration, devaient laisser les femmes circuler dans la ville et remplir leurs devoirs religieux comme à l'ordinaire ».

Cette pièce produisit son effet : la liberté du bain et des cimetières fut rendue aux musulmans, et, dès ce jour, la galanterie du général devint le sujet de toutes les conversations féminines. Cependant, les nombreuses occupations de son état et tout le souci d'une garnison encore mal établie ne parvenaient pas à effacer de l'esprit du général le souvenir de deux beaux yeux entrevus un instant. Aucune voix maintenant ne semblait, à ce demi-vieillard, comparable à la voix si douce de la petite Égyptienne, encore qu'il ne comprît goutte à son langage.

Et, pour cela peut-être, Menou redevint le plus studieux des écoliers, le jour où, ayant fait mander auprès de lui des professeurs coptes, il commença l'étude si difficile de l'arabe.

Il devait pousser plus loin la réalisation du rêve ébauché par ce chaud matin de fin d'été.

Après avoir réfléchi, essayé de toutes manières d'obtenir une seconde visite de la jeune fille, le général, parvenu au paroxysme de la passion, s'en alla trouver le père.

Celui-ci n'eut garde de mal recevoir le personnage omnipotent duquel découlait la ruine ou le bien-être de la cité. Au contraire, il se fit très humble, en bon Oriental qui ne demande jamais autant qu'à l'instant précis où il semble prêt à tout donner. L'homme, le chétif baigneur qu'il était, pouvait-il refuser quelque grâce à son maître, au général respecté devant qui tous autour de lui s'inclinaient ?... Non, certes ! Mais le père, en bon croyant, pouvait-il à son tour sacrifier son enfant, lui ravir sa part de paradis en la donnant pour épouse à un infidèle ?...

Ce dilemme épouvanta l'âme pusillanime du général. Il demanda à réfléchir... On verrait...

C'était tout vu. Entre l'amant sexagénaire si fort épris, un peu ridicule mais gourmand de chair fraîche à en perdre la raison, et ce père musulman raisonnable, la lutte n'était pas égale.

Les scrupules de Menou furent moins forts que sa volonté.

Pourtant il ne céda pas tout de suite. Une lutte cruelle dut se livrer en cette âme de soldat à l'heure affreuse de l'apostasie. Si sceptique qu'il pût paraître, semblable en cela à la plupart des hommes de son époque, si veule, si maladroit qu'il ait pu se montrer par la suite, on s'accordait à reconnaître à Jacques Menou une âme droite, une conscience juste. S'il y avait eu quelques cas pareils au sien, du moins s'agissait-il d'employés subalternes dont l'exemple n'entachait personne. Il redoutait les jugements de son entourage. « Si insoucieuse que fût l'armée pour tout ce qui tenait au culte, elle devait voir, dans cet acte public, non pas la question puérile d'orthodoxie, mais la dignité française. » Menou n'ignorait pas la somme de défaveur que son abjuration allait attirer sur lui.

La passion enfin l'emporta. Ayant fixé le prix de la dot selon la coutume musulmane, le père avait déclaré que sa fille n'entrerait chez Menou que le jour où celui-ci aurait embrassé la religion du prophète. Ainsi fut fait.

Une après-midi des premiers jours de ventôse an VII de la République (mars 1799), Jacques Menou prononça la formule islamique devant le muphti de Rosette, celui-là même qui, deux mois plus tôt, avait refusé de célébrer la fête du Prophète à cause de la présence des chrétiens dans la cité. Le général prenait les noms de Jacoub-Abdallah et jurait d'observer fidèlement la doctrine du prophète.

Par une attention délicate, le muphti accordait au général (vu son grand âge!) de rester incirconcis. Menou avait passé la soixantaine.

L'historien Marcel nous apprend que le général avait toujours été fort disgracié de la nature [1] : « Il avait de l'embonpoint, la vue très faible et montait gauchement à cheval. » Défaut particulièrement marquant pour tous les Arabes.

On se figure aisément le peu d'enthousiasme de la fiancée à la vue d'un pareil époux. Mais il est probable que la pauvre petite ne fut seulement pas consultée.

Sans doute, sous l'empire de la menace, elle prononça le « oui » fatidique, à peine distinct, derrière le rideau du mandarah [2], tandis que son nouveau maître mettait sa main dans la main du père, selon la coutume musulmane.

Le contrat, signé sans éclat, eut pour témoins le père et le frère de l'épousée, deux voisins et deux officiers compagnons du général.

Le soir même, Saïda-Zobeïda était conduite à la demeure du général et devenait sa femme

---

[1]. Marcel, *L'Égypte française*.
[2]. Appartement des hommes.

sans aucune pompe. Toute espèce de cérémonie avait été supprimée. La mariée ne connut pas la douceur des épithalames à la mode du pays, ni le cortège où l'on s'écrase, ni la musique, ni les festins... Même, suprême dérogation à tous les usages, les zarragitt[1] traditionnels furent supprimés. La vierge égyptienne, lamentable victime, fut menée au sacrifice dans le plus simple appareil.

La nouvelle religion du général lui interdisant toute espèce de boisson fermentée, il se contenta d'offrir aux parents de la mariée des verres de sirop et des tasses de moka...

Les soldats ne ménagèrent pas leurs sarcasmes au général. Comme aujourd'hui, les pamphlets de toute nature, les chansons, les quatrains les plus baroques, circulèrent au moment des noces de Menou. Une sorte de complainte intitulée : l'*Odalisque et le Barbon!* écrite sur du mauvais papier gris et chantée sur l'air de *Plaisir d'Amour*, circula dans tous les camps. On la vendait quinze sous.

Il est curieux de connaître aussi l'avis de la population indigène. C'est l'historien Djabarti qui va nous la donner dans ses mémoires.

---

1. Sorte de gloussement que poussent les femmes en signe de joie.

En deux lignes brèves, il s'exprime ainsi très simplement, au moment où Menou fut appelé à remplacer Kléber comme général en chef : « Ce général (Menou) avait feint d'embrasser l'islamisme, et il avait épousé une femme musulmane. »

On le voit, et malgré tout ce qu'il put faire dans la suite pour les convaincre, les indigènes ne voulurent jamais croire à la sincérité de Menou[1].

Renégat pour les uns, imposteur aux yeux des autres, le malheureux époux de Saïda Zobeïda encourut de par le seul fait de son mariage la réprobation générale. Il eut ce que l'on est convenu d'appeler aujourd'hui « une très mauvaise presse ».

La conduite de Menou fut appréciée par ses camarades de différentes façons.

Voici les deux lettres que le général Marmont adresse à cette occasion :

« Alexandrie, 7 ventôse an VII (17 mars 99).

« Je vous fais mes compliments, mon cher général, sur votre établissement. J'ai de vifs re-

---

1. Malgré l'abjuration de Menou et son ridicule prénom d'Abdallah, les dévots du Caire croyaient peu à son véritable dévouement à l'islamisme : il avait beau se faire Turc, ils ne voyaient en lui qu'un Français. (H. de l'E. F.)

grets d'avoir été trop tôt à Rosette, j'aurais eu grand plaisir d'assister à vos noces.

« Vous avez raison de dire que votre mariage étonnera beaucoup de monde. Pour moi, j'y vois, mon cher général, un grand dévouement aux intérêts de l'armée française, que beaucoup de gens critiqueront et que peu seront capables d'imiter.

. . . .

« A. MARMONT. »

Autre lettre :

« Alexandrie, 23 ventôse an VII.

« Y aurait-il de l'indiscrétion, mon cher général, à vous demander comment vous vous trouvez de votre nouvel état? Je suis impatient de savoir si Mme Menou est jolie... et si vous comptez bientôt à la manière du pays lui donner des compagnes. Me permettez-vous, profane, de lui offrir mon hommage?... Veuillez, mon cher général, si vous le trouvez bon, le lui faire agréer et lui faire connaître le désir que j'ai de faire sa connaissance.

. . . .

« A. MARMONT. »

On ne saurait se montrer plus aimablement impertinent.

Il est à présumer que tous les officiers pensaient exactement comme le futur duc de Raguse. L'un d'eux, racontant le mariage du général, ne craint pas de flétrir la conduite de celui que tout bas plusieurs nomment : « l'apostat ![1] »

« Du reste et par une coïncidence singulière, le général Menou descendait du célèbre comte de Bonneval, devenu, au commencement du siècle, pacha à trois queues. Le titre de renégat était presque pour lui un héritage de famille. »

L'historien Marcel, directeur de l'Imprimerie de Boulak, auquel on doit les plus précieux documents sur l'expédition d'Égypte, dont il faisait partie, est plus modéré :

« Menou passait pour chef du parti colonisateur. Il avait même dès 1798 poussé l'enthousiasme jusqu'à épouser une femme turque, jusqu'à changer ses prénoms de François-Jacques pour ceux de Jacoub Abdallah, et, depuis lors, il pratiquait sa nouvelle religion avec plus d'exactitude et de gravité que pas un musulman de naissance [2]. »

---

1. *Histoire scientifique et militaire de l'expédition d'Égypte.*
2. Marcel, *L'Égypte française.*

On citait à ce sujet l'anecdote suivante, qui ne manque pas de piquant :

Un Turc, commandant de vaisseau, dont le bâtiment avait échoué à Aboukir, recevait l'hospitalité chez le général Menou, alors sur le point de quitter l'Égypte. Il dîna chez lui, et, au dessert, se tournant vers l'amphitryon : « Êtes-vous sincèrement mahométan ? » demanda-t-il. A quoi Menou ayant répliqué que la question était au moins singulière : « C'est qu'à Constantinople, ajoute le Turc, les gens d'esprit ne le sont plus[1]. »

Cette histoire, que le général Menou se plaisait souvent à raconter par la suite, fait partie des nombreuses anecdotes rapportées par les officiers de l'expédition d'Egypte.

Menou ne perdait d'ailleurs jamais l'occasion d'affirmer la sincérité de sa nouvelle foi. Dans une lettre adressée au général Hutchinson au moment où il se préparait à signer le trop fameux armistice, Menou, dans la certitude où il demeurait que sa lettre serait montrée au capitan pacha, écrit textuellement :

« Dites au capitan pacha que je suis au moins aussi bon musulman que lui et que j'espère que

---

1. *Histoire scientifique et militaire de l'expédition.*

mon fils Souleymân sera un jour une des plus fermes colonnes de l'islamisme. »

Cette lettre fit la joie des officiers anglais, qui se la passaient de mains en mains. Il en fut délivré plusieurs copies, dont quelques-unes parvinrent aux avant-postes français. On peut juger de l'effet que sa lecture produisit sur les soldats. On eût dit que Menou prenait à cœur à ce moment de mécontenter l'armée par tous les moyens en son pouvoir... Aussi les quolibets, les attaques, les railleries pleuvaient-ils sur le ménage du général.

Pour cela, peut-être, se crut-il obligé à plus d'égards envers celle qui, au mépris de tous, était devenue sa femme et contribuait à le rendre ridicule. Bonaparte raconte dans ses mémoires que « le général Menou, ayant épousé une femme de Rosette, la traita à la française. Il lui donnait la main pour entrer dans la salle à manger; la meilleure place à table, les meilleurs morceaux étaient pour elle. Si son mouchoir tombait, il s'empressait de le ramasser. Quand cette femme eut raconté ces circonstances dans les bains de Rosette, les autres conçurent une espérance de changement dans leurs mœurs et signèrent une demande au sultan kébir pour que leurs maris les traitassent de la même manière. »

Cependant, si le général rendit à sa femme dans les habitudes de l'intimité les devoirs que les époux d'Europe ont coutume de remplir envers leurs femmes, il montra au contraire, dans sa façon d'agir devant le monde envers la pauvre Saïda Zobeïda, une jalousie plus grande que n'en eût déployé un musulman.

Mme Menou ne sortait que rarement et toujours sévèrement voilée, tandis que les autres musulmanes qui avaient épousé des Européens adoptaient les modes françaises et montraient leurs visages et leurs cous, au grand scandale des indigènes.

La surveillance de son harem contribua grandement à augmenter les difficultés de la situation de Menou à l'heure critique. Voici les premières étapes du long calvaire. Elles nous sont décrites par l'historien arabe [1].

« Ce même jour, 25 El Hodjeh, arriva au Caire la femme du commandant en chef, accompagnée de son frère El-Sayed Aly-el-Rachidi, membre du divan. Lorsque les Anglais s'emparèrent de Rosette, Sayed Aly dut quitter cette ville avec sa sœur et partir sur une barque. Arrivés à Ramanieh ils durent également abandonner cette ville, à cause de la bataille qui s'y

---

1. Djabarti, t. VII.

livrait et de la prise de la citadelle. Ils parvinrent au Caire après avoir énormément souffert et après avoir eu à redouter les attaques des Bédouins et des brigands. Ils séjournèrent trois jours dans la maison d'El-Elfy, à l'Esbékieh, puis ils montèrent à la citadelle... »

Mais là ne devait pas s'arrêter le voyage de Mme Menou et de son frère.

A l'heure précise où Belliard fut chargé d'évacuer la capitale d'Égypte, Saïada Zobeïda commença de redouter de l'avenir... Son mariage avec un infidèle, même converti, n'avait jamais été pris très au sérieux par ses coreligionnaires. Si ce chrétien était véritablement sincère, que n'abandonnait-il ses frères *Franghis* pour vivre parmi les musulmans avec sa famille, au lieu de commander les ennemis et demeurer au milieu d'eux ? Continuellement, des bandes composées de toute la lie des Asiatiques et des Africains parcouraient le Caire. Les Turcs devenaient menaçants. Mme Menou et ses compagnes n'étaient plus en sûreté. Il fallait fuir.

Menou[1], averti du danger que courait sa

---

1. Une caricature de l'époque représentait Menou à cheval sur une tortue et tournant le dos à l'armée en criant : « En avant ! » Venaient ensuite des chameaux. Le premier ployait sous la charge de la famille du général ; le second, chargé de papiers, portait les nouvelles vraisemblables ; le troisième, les nouvelles presque vraies ; le quatrième, la vérité tout entière.

nouvelle famille, eut recours au général Hutchinson. Celui-ci parvint à faire embarquer la petite troupe sur le Nil. Les voyageuses furent confiées à la garde de l'abbé Alphéran, alors capitaine, ex-grand vicaire de l'archevêque d'Aix, puis chevalier de Malte. Il avait suivi l'armée avec ceux de son ordre auxquels Bonaparte avait permis de prendre du service dans l'armée française.

A Rosette, nouvelle alerte. Le capitan pacha avait déclaré qu'il laisserait bien passer la femme légitime de Menou, mais non pas les autres, les véritables musulmanes, qui iraient sans doute un jour se perdre chez les indigènes.

Rien ne peint mieux que ce détail la véritable nature de Mme Menou. Elle pouvait bien être l'épouse du chef de l'armée, elle demeurait semblable à ses sœurs orientales et ne changeait point ses coutumes. Cette humble fille de baigneur se fût crue déshonorée en voyageant seule ou dans la simple compagnie de son frère et d'une servante. Il lui fallait tout un harem.

Et cette quantité de femmes, le nombre illimité de bagages que tout ce monde traînait après soi, firent souvent le désespoir du général.

Hutchinson se montra galant. Une seconde fois il délivra Mme Menou des mains de ses ennemis. Grâce à lui, Saïda Zobeïda et sa tribu furent rendues saines et sauves au général, qui se trouvait alors à Alexandrie. En reconnaissance, Menou consentit à entrer en pourparlers avec les Anglais. On sait le reste : la capitulation, l'embarquement, le départ.

La postérité devait juger l'acte du général.

Maître souverain en terre conquise, chef incontestable et redouté, Menou n'avait connu jusque-là que les douceurs de son rôle de pacha [1].

Les tribulations allaient commencer pour lui dès le premier contact avec la terre natale.

Cependant, sur le sol généreux de l'Égypte, le sang de nos soldats n'avait pas coulé en vain. Les officiers ne partaient pas tous pour ne jamais revenir. Mohammed Aly, dont le règne approchait, devait, dans sa grande intelligence, se souvenir et tirer parti de leur glorieux passage. Beaucoup de militaires et de savants, mordus par l'invincible regret de la vallée du Nil, ne demandaient qu'à la retrouver. Le viceroi les appela. Ils accoururent.

---

1. Menou voulut partir le dernier. Il s'embarqua sur les instances du chirurgien Larrey, qui venait de reconnaître chez lui les symptômes de la peste. Il faillit mourir en route et ne dut la vie qu'aux soins intelligents du praticien, dont le dévouement ne se démentit amais.

Menou mourut le 13 août 1810, dans sa villa des environs de Venise, alors qu'il était depuis un an gouverneur de ce pays. Son fils, Suleïman, l'avait précédé au tombeau. Un second enfant né en France ne vécut pas.

Et, de nouveau, les habitants du Caire commencèrent de reprendre goût à la science française, aux mœurs aimables de notre pays, qui, cette fois, devait imprimer à la nation tout entière un tel mouvement vers le progrès que rien jamais n'en pourrait plus enrayer la marche toujours ascendante.

Tantah-Lanzo d'Inteloi - Paris.
15 mars 1913 - 10 mars 1914.

APPENDICE

Lettre de Kléber au Directoire
au lendemain du départ de Bonaparte

LIBERTÉ.   ÉGALITÉ.

RÉPUBLIQUE FRANÇAISE.

Au quartier-général du Caire, le 4 vendémiaire
an 8 de la république française.

Kléber, général en chef, au Directoire exécutif.

LE général en chef Bonaparte est parti pour la France, le 6 fructidor au matin, *sans en avoir prévenu personne.* Il m'avait donné rendez-vous à Rosette le 7. Je n'y ai trouvé que ses dépêches. Dans l'incertitude si le général a eu le bonheur de passer, je crois devoir vous envoyer copie et de la lettre par laquelle il me donne le commandement de l'armée, et de celle qu'il adressa au Grand-Vizir à Constantinople, quoiqu'il sût parfaitement que ce pacha était déjà arrivé à Damas.

Mon premier soin a été de prendre une connaissance exacte de la situation actuelle de l'armée.

Vous savez, citoyens directeurs, et vous êtes à même de vous faire représenter l'état de sa force, lors de son arrivée en Égypte. Elle est réduite de moitié; et nous occupons tous les points capitaux du triangle des Cataractes à El-Arich, d'El-Arich à Alexandrie, et d'Alexandrie aux Cataractes. Cependant, il ne s'agit plus aujourd'hui, comme autrefois, de lutter contre quelques hordes de Mamelouks découragés, mais de combattre et de résister aux efforts réunis de trois grandes puissances : la Porte, les Anglais et les Russes.

Le dénuement d'armes, de poudre de guerre, de fer coulé, et de plomb, présente un tableau tout aussi alarmant que la grande et subite diminution d'hommes dont je viens de parler. Les essais de fonderie n'ont pas réussi; la manufacture de poudre établie à Rhoda n'a pas encore donné, et ne donnera probablement pas le résultat qu'on se flattait d'en obtenir; enfin, la réparation des armes à feu est lente, et il faudrait, pour activer tous ces établissemens, des moyens et des fonds que nous n'avons pas.

Les troupes sont nues, et cette absence de vêtement est d'autant plus fâcheuse, qu'il est reconnu que, dans ce pays, elle est une des causes les plus actives des dissenteries et des ophtalmies, qui sont les maladies constamment régnantes; la première, sur-tout, a agi cette année puissamment sur des corps affaiblis et épuisés par les fatigues. Les officiers de santé remarquent, et le rapportent constamment, que, quoique l'armée soit si considérablement diminuée, il y a, cette année, un nombre beaucoup plus grand de malades, qu'il n'y en avait l'année dernière à la même époque.

Le général Bonaparte, avant son départ, avait à la vérité *donné des ordres* pour habiller l'armée en drap, mais pour cet objet, comme pour beaucoup d'autres, *il s'en est tenu là ;* et la pénurie des finances, qui est un nouvel obstacle à combattre, l'eût mis dans la nécessité, sans doute, d'ajourner l'exécution de cet utile projet.

Il faut en parler de cette pénurie.

Le général Bonaparte a épuisé les ressources extraordinaires dans les premiers mois de notre arrivée : il a levé alors autant de contributions de guerre que le pays pouvait en supporter. Revenir aujourd'hui à ces moyens, alors que nous sommes au-dehors entourés d'ennemis, serait préparer un soulèvement à la première occasion favorable.

Et cependant Bonaparte, à son départ, n'a pas laissé *un sol* en caisse, ni aucun autre objet équivalent. Il a laissé, au contraire, un arriéré de près de dix millions ; c'est plus que le revenu d'une année, dans la circonstance. La solde arriérée pour toute l'armée, se monte seule à quatre millions.

L'inondation actuelle rend impossible le recouvrement de ce qui reste dû sur l'année qui vient d'expirer, et qui suffirait à peine pour la dépense d'un mois. Ce ne sera donc qu'au mois de frimaire qu'on pourra en recommencer la perception ; et alors, il n'en faut pas douter, on ne pourra pas s'y livrer, parce qu'il faudra combattre. Enfin, le Nil étant cette année très-mauvais, plusieurs provinces, faute d'inondation, offriront des non-valeurs auxquelles on ne pourra se dispenser d'avoir égard.

Tout ce que j'avance ici, citoyens directeurs, je puis le prouver, et par des procès-verbaux, et par des états certifiés des différens services.

Quoique l'Égypte soit tranquille en apparence, elle n'est rien moins que soumise. Le peuple est inquiet, et ne voit en nous, *quelque chose que l'on puisse faire,* que des ennemis de sa propriété; son cœur est sans cesse ouvert à l'espoir d'un changement favorable.

Les Mamelouks sont dispersés, mais ils ne sont pas détruits. Mourad-Bey est toujours dans la Haute-Égypte, avec assez de monde pour occuper sans cesse une partie de nos forces. Si on l'abandonnait un moment, sa troupe se grossirait bien vîte, et il viendrait nous inquiéter jusques dans cette capitale, qui, malgré la plus grande surveillance, n'a cessé, jusqu'à ce jour, de lui procurer des secours en argent et en armes.

Ibrahim-Bey est à Gaza, avec environ deux mille Mamelouks, et je suis informé que trente mille hommes de l'armée du Grand-Visir et de Dgezzar pacha y sont déjà arrivés. Le Grand-Vizir est parti de Damas il y a environ vingt jours. Il est actuellement campé auprès d'Acre. Enfin les Anglais sont maîtres de la mer Rouge.

Telle est, citoyens directeurs, la situation dans laquelle le général Bonaparte m'a laissé l'énorme fardeau du commandement de l'armée de l'Orient. *Il voyait la crise fatale s'approcher :* vos ordres ne lui ont pas permis de la surmonter; que cette crise existe, ses lettres, ses instructions, sa négociation entamée en font foi; elle est de notoriété publique, et nos ennemis semblent aussi peu l'ignorer que les Français qui se trouvent en Égypte.

« Si cette année, me dit le général Bonaparte, malgré toutes nos précautions, la peste est en Égypte, et vous tuait plus de quinze cents soldats, etc., je pense que, dans ce cas, vous ne devez point hasarder à soutenir la campagne prochaine, et que vous êtes autorisé à conclure la paix avec la Porte Ottomane, quand même l'évacuation de l'Égypte devrait être la condition principale, etc. »

Je vous fais remarquer ce passage, citoyens directeurs, PARCE QU'IL EST CARACTÉRISTIQUE, sous plus d'un rapport, et qu'il indique surtout la situation réelle dans laquelle je me trouve. Que peuvent être quinze cents hommes de plus ou de moins dans l'immensité de terrain que j'ai à défendre, et aussi journellement à combattre ?

Le général dit ailleurs : « Alexandrie et El-Arich, voilà les deux clefs de l'Égypte. » El-Arich est un méchant fort à quatre journées dans le désert. La grande difficulté de l'approvisionner ne permet pas d'y jeter une garnison de plus de deux cent cinquante hommes. Six cents Mamelouks et Arabes pourront, quand ils le voudront, intercepter sa communication avec Catieh, et comme, lors du départ de Bonaparte, cette garnison n'avait pas pour quinze jours de vivres en avance, il ne faudrait pas plus de temps pour l'obliger à se rendre sans coup férir. Les Arabes seuls étaient dans le cas de faire des convois soutenus dans les brûlans déserts : mais, d'un côté, *ils ont été tant de fois trompés,* que, loin de nous offrir leurs services, ils s'éloignent et se cachent ; d'un autre côté, l'arrivée du Grand-Vizir, qui enflamme leur fanatisme et leur prodigue des dons, contribue tout autant à nous en faire abandonner[1].

---

1. Il y a deux chemins pour arriver de Syrie en Égypte, qui n'obligent nullement de passer par El-Arich, et sur lesquels on trouve de l'eau ; l'un d'eux vient d'être reconnu.

Alexandrie n'est point une place, c'est un vaste camp retranché; il était, à la vérité, assez bien défendu par une nombreuse artillerie de siège; mais depuis que nous l'avons perdue, cette artillerie, *dans la désastreuse campagne de Syrie,* depuis que le général Bonaparte a *retiré toutes les pièces de marine pour armer au complet les deux frégates* avec lesquelles il est parti, ce camp ne peut plus offrir qu'une faible résistance.

Le général Bonaparte, enfin, s'était fait illusion sur l'effet que devait produire le succès qu'il a obtenu au poste d'Aboukir. Il a, en effet, détruit la presque totalité des neuf mille Turcs qui avaient débarqué. Mais, qu'est-ce qu'une perte pareille pour une grande nation, à laquelle on a ravi la plus belle portion de son empire, et à qui la religion, l'honneur et l'intérêt prescrivent également de se venger et de reconquérir ce qu'on avait pu lui enlever? Aussi cette victoire n'a-t-elle pas retardé un instant ni les préparatifs ni la marche du Grand-Vizir.

Dans cet état de choses, que puis-je et que dois-je faire? Je pense, citoyens directeurs, que c'est de continuer les négociations entamées par Bonaparte : quand elles ne donneraient d'autre résultat que celui de gagner du temps, j'aurais déjà lieu d'en être satisfait. Vous trouverez, ci-joint, la lettre que j'écris en conséquence au Grand-Vizir, en lui envoyant duplicata de celle de Bonaparte.

Si ce ministre répond à ces avances, je lui proposerai la restitution de l'Égypte aux conditions suivantes :

Le grand-seigneur y établirait un pacha comme par le passé;

On *lui abandonnerait* le miri, que la Porte a toujours perçu de droit *et jamais de fait;*

Le commerce serait ouvert réciproquement entre l'Égypte et la Syrie;

Les Français demeureraient dans le pays, occuperaient les places et les forts, et percevraient *tous les autres droits* avec ceux des douanes, jusqu'à ce que le gouvernement français eût conclu la paix avec l'Angleterre.

Si ces conditions préliminaires et sommaires étaient acceptées, je croirais avoir fait pour la patrie plus qu'en obtenant la plus éclatante victoire. Mais je doute que l'on veuille prêter l'oreille à ces propositions; si l'orgueil des Turcs ne s'y opposait point, j'aurais à combattre l'influence de l'or des Anglais. Dans tous les cas, je me guiderai d'après les circonstances.

Je connais toute l'importance de la possession de l'Égypte. Je disais en Europe qu'elle était pour la France le point d'appui par lequel elle pourrait remuer le système du commerce des quatre parties du monde; mais pour cela il faut un puissant levier; ce levier, c'est la marine : *la nôtre a existé*. Depuis lors tout a changé, et la paix avec la Porte peut seule, ce me semble, nous offrir une voie honorable pour *nous tirer d'une entreprise* qui ne peut plus atteindre l'objet qu'on avait pu s'en proposer.

Je n'entrerai point, citoyens directeurs, dans les détails de toutes les combinaisons diplomatiques que la situation actuelle de l'Europe peut offrir; ils ne sont point de mon ressort. Dans la détresse où je me trouve, et trop éloigné du centre des événemens, je ne puis guère m'occuper que du salut et de l'honneur de l'armée que je commande : heureux si, dans mes sollicitudes, je réussis à remplir vos vœux. Plus rapproché de vous, je mettrai toute ma gloire à vous obéir.

Je joins ici, citoyens directeurs, un état exact de ce qui nous manque en matériel pour l'artillerie, et un tableau sommaire de la dette contractée et laissée par le général Bonaparte.

Salut et respect. *Signé* KLÉBER.

P. S. Au moment, citoyens directeurs, où je vous expédie cette lettre, quatorze ou quinze voiles turques sont mouillées devant Damiette, attendant la flotte du capitan pacha mouillée à Gaffa, et portant, dit-on, quinze à vingt mille hommes de débarquement. Quinze mille hommes sont toujours réunis à Gazar, et le grand-vizir s'achemine de Damas. Il nous a renvoyé ces jours derniers un soldat de la vingt-cinquième demi-brigade, fait prisonnier du côté d'El-Arich. Après lui avoir fait voir tout le camp, il lui a intimé de dire à ses compagnons ce qu'il avait vu, et à leur général de trembler. Ceci paraît annoncer ou la confiance que le grand-vizir met dans ses forces, ou un désir de rapprochement. Quant à moi, il me serait de toute impossibilité de réunir plus de cinq mille hommes en état d'entrer en campagne. Nonobstant ce, je tenterai la fortune, si je ne puis parvenir à gagner du temps par des négociations. Dgezzar a retiré ses troupes de Gaza, et les a fait revenir à Acre.

KLÉBER.

Ode composée par Nikoula-el-Turk

A composé cette ode Nikoula-el-Turk, fils de Youssouf-el-Turk, Constantinopolitain d'origine, dans la ville du Caire la bien gardée, y offrant ces éloges à la France et à son héros incomparable le prince de l'armée, Bonaparte, au commencement de l'an 1213.

Enfin les temps prédestinés par Allah ont fait briller leur aurore, une atmosphère de félicité les environne; l'astre de la victoire qui éclaire les guerriers français a fait resplendir ses feux, la renommée de la gloire les précède, avec eux sont la fortune et l'honneur.

Le chef qui marche à leur tête est impétueux; la terreur fait fléchir les fronts des rois devant lui, devant l'invincible Bonaparte, le lion des combats, le puissant irrésistible qui domine la destinée et s'élève au-dessus du zénith de la suprématie et des cieux de la gloire.

Il est maître de la force insurmontable; celui qui se déclare son ennemi, la destruction se précipite sur lui; son règne est inébranlable : devant lui est forcé de s'humilier le troupeau des puissants; maître de la victoire, sa générosité est un océan qui ne connaît pas de rivages.

Conquérant infatigable, il est l'unique parmi les hommes; sa rapidité audacieuse surpasse l'admiration; il a vaincu les royaumes ligués ensemble; il décide en sa volonté souveraine, il ordonne, et accourent en foule les bataillons, et sous les vaisseaux frémissent les mers, etc., etc., etc.

Traduction littérale.

TABLE

TABLE

AVANT-PROPOS 1

PREMIÈRE PARTIE. — Les Français en Égypte. . 1

DEUXIÈME PARTIE. — Les Femmes sous l'occupation française. 139

TROISIÈME PARTIE. — L'Égypte au temps de Kléber. 205

QUATRIÈME PARTIE. — Le Mariage de Menou . 281

APPENDICE. — Lettre de Kléber au Directoire au lendemain du départ de Bonaparte. 319

— Ode composée par Nikoula-el-Turk. 327

5577. — Imp. A. LEMERRE, 6, rue des Bergers, Paris.

LIBRAIRIE ALPHONSE LEMERRE

DERNIÈRES PUBLICATIONS

Volumes in-18 jésus. Chaque volume : 3 fr. 50

BARBEY D'AUREVILLY..	Gœthe et Diderot............	1 vol.
BARRAUTE DU PLESSIS.	Château-Bonheur...........	1 vol.
MARCEL BARRIÈRE...	Saint-Ange d'A*............	1 vol.
LÉON BARRY......	Au delà du Bonheur........	1 vol.
MARIE ANNE DE BOVET.	Le Fils de l'Autre...........	1 vol.
FRANÇOIS COPPÉE...	Lettres à sa Mère et à sa Sœur...	1 vol.
MAXIME FORMONT...	Les Gâcheuses.............	1 vol.
—	La Danseuse.............	1 vol.
MAURICE FOUCHET...	Le Livre de l'Espérance.......	1 vol.
JEAN DE LA GRÈZE..	La Voie détournée..........	1 vol.
ABEL HERMANT.....	La Petite Femme...........	1 vol.
OCTAVE HOUDAILLE..	Le Mannequin d'Amour......	1 vol.
JEHAN D'IVRAY....	Bonaparte et l'Égypte........	1 vol.
JEAN-BERNARD.....	La Vie de Paris, 1912.......	1 vol.
EUGÈNE JOLICLERC...	Graine de Roi.............	1 vol.
MARCEL LAURENT...	Sa Femme...............	1 vol.
A. DE LÉVIS MIREPOIX.	Le Papillon noir...........	1 vol.
MAURICE MAINDRON..	L'Incomparable Florimond....	1 vol.
RENÉ MAIZEROY...	L'Inconstant.............	1 vol.
KARIN MICHAËLIS....	L'Age dangereux, texte français et introduct. de MARCEL PRÉVOST.	1 vol.
MAURICE MONTÉGUT..	Les Clowns.............	1 vol.
Mis DE MONTMORILLON.	Apollophane.............	1 vol.
A. DE MUSSET.....	Poésies. Édit. illustrée........	2 vol.
—	Comédies. Édit. illustrée......	3 vol.
—	La Confession d'un Enfant du siècle. Édit. illustrée............	1 vol.
—	Nouvelles. Édit. illustrée......	1 vol.
—	Contes et Nouvelles. Édit. illustrée.	1 vol.
—	Mélanges de Littérature. Édit. ill.	1 vol.
—	Œuvres posthumes. Édit. illustrée.	1 vol.
MARIE-LOUISE NÉRON.	Notes et Impressions d'une Parisienne.	1 vol.
MARYO OLIVIER....	Le Beau Crime............	1 vol.
MARCEL PRÉVOST...	Nouvelles Féminités.........	1 vol.
ALBERT QUANTIN...	En plein Vol.............	1 vol.
JULIEN REYNE.....	La Tête d'Ivoire...........	1 vol.
RAYMOND ROUSSEL..	Locus Solus.............	1 vol.
L.-F. SAUVAGE.....	Fantômes d'Irlande..........	1 vol.
ALBERT-ÉMILE SOREL.	Le Droit au Bonheur........	1 vol.
MARIA STAR......	Suprême Amour...........	1 vol.
RENÉE D'ULMÈS....	Histoire d'une petite Ame.....	1 vol.
TONY D'ULMÈS.....	Les Demi-Morts...........	1 vol.
A. DE VIGNY.....	Cinq-Mars. Édit. illustrée.....	1 vol.
—	Servitude et Grandeur militaires. Édit. illustrée...........	1 vol.
H. DE ZUYLEN DE NYEVELT.	L'Enjôleuse.............	1 vol.

4.-5577. — Imp. A. LEMERRE, 6, rue des Bergers, Paris.

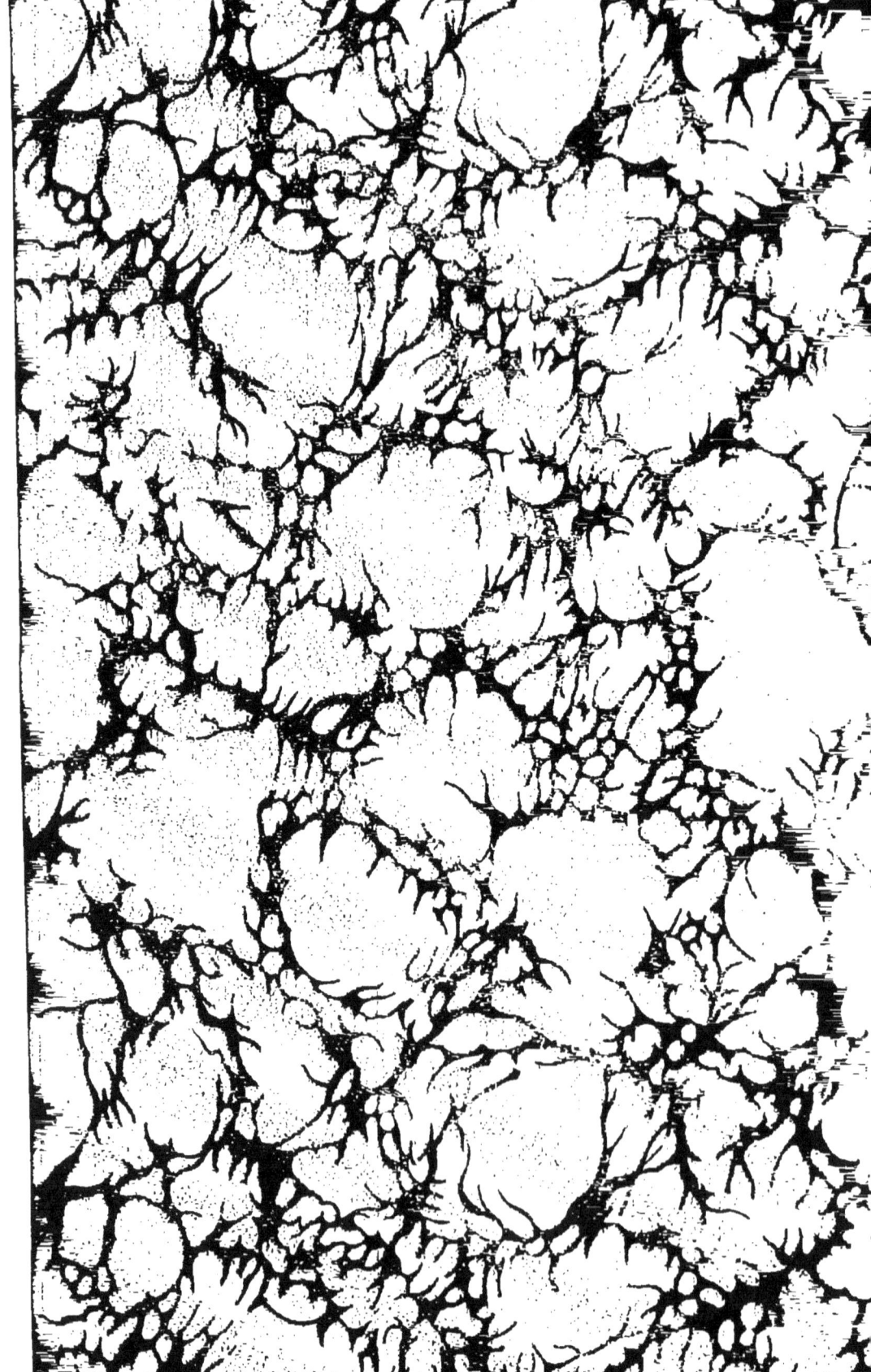

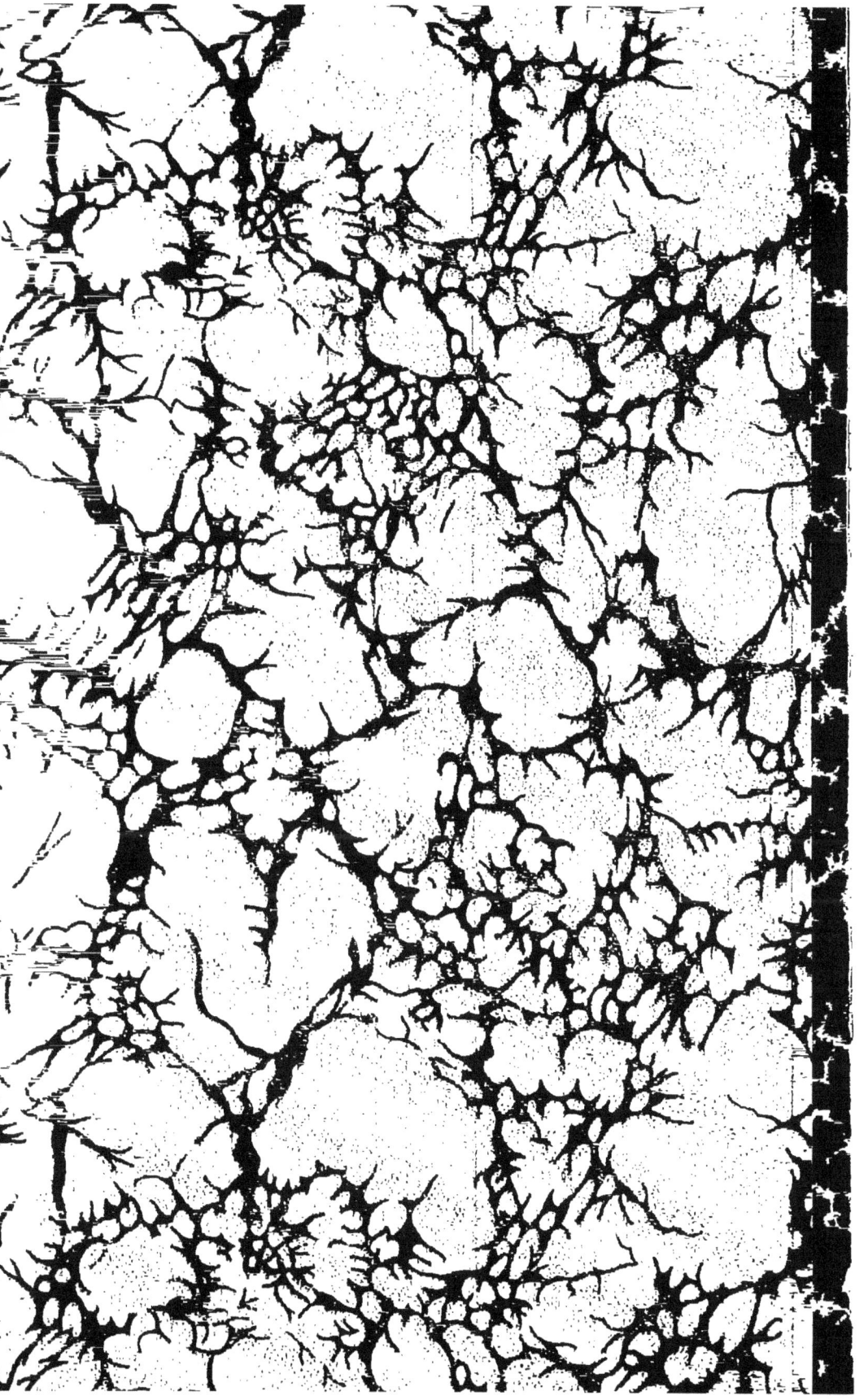

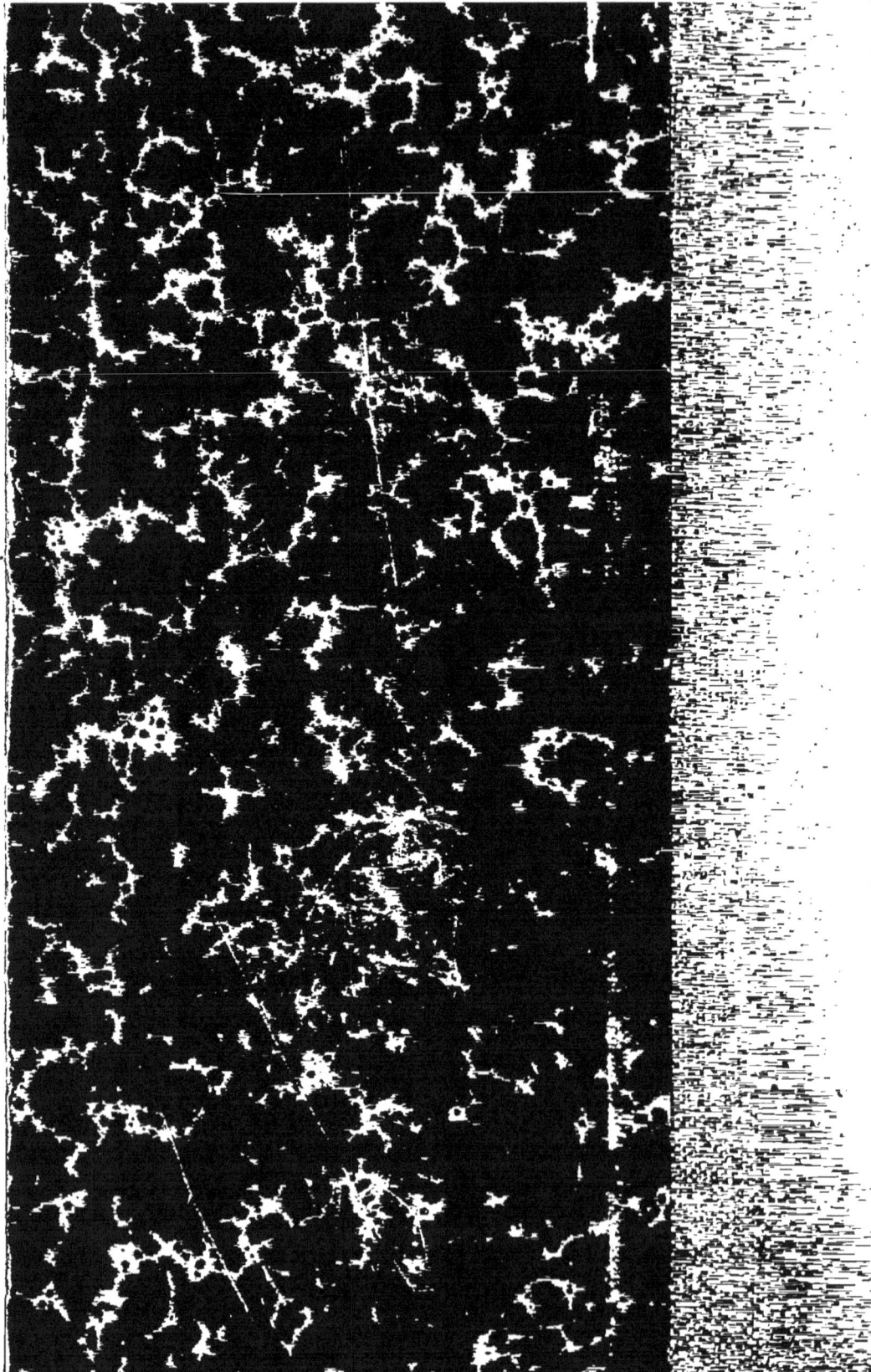

www.ingramcontent.com/pod-product-compliance
Lightning Source LLC
Chambersburg PA
CBHW050800170426
43202CB00013B/2503